Dirk Blechschmidt

Das große Deutsch-Quiz

Bekanntes & Überraschendes für alle, die Spaß an Sprache und Literatur haben

moses.

Liebe Quizfreundin, lieber Quizfreund,

herzlich willkommen zum großen Deutsch-Quiz!

Sie wollen testen, wie gut Sie sich in den Feinheiten der deutschen Sprache und Literatur auskennen? Dabei reizt Sie auch der Blick auf eher unbekanntes Terrain – dahin, wo die sagenhafte Schmeckbirne wächst und wo es vielleicht gar nicht so schaurig ist, mit Annette von Droste-Hülshoff übers Moor zu gehen? Wo sich ungeahnte Lücken in unserem Wortschatz auftun und wo man dem Komma nachsagt, dass es Ehen retten kann?

Prima, dann sind Sie hier goldrichtig, denn genau darum geht es in diesem Quiz.

Sie werden hier auf Karten stoßen, bei denen solides Grundwissen durchaus von Vorteil ist. Aber auch auf solche, die als kreative Denkvorlagen Ihren Forschergeist und Ihr Sprachgefühl herausfordern. Denn nicht nur Wissen macht Spaß, sondern auch, etwas nicht zu wissen. Weil es genauso schön ist, Neues zu entdecken und mit Ausprobieren und Überlegen zum Ziel zu gelangen.

Den **Schreibblock** können Sie dabei jederzeit als Hilfsmittel nutzen. Allerdings sollten Sie es etwas schneller angehen lassen, wenn die **Sanduhr** zum Einsatz kommt.

Kleine **Erfrischungen** sind übrigens eingeplant. Sie werden es merken, wenn Sie darauf stoßen. Und jetzt: viel Vergnügen!

Dirk Blechschmidt

PS: Die Karten zur Sprache und zur Literatur erkennen Sie an diesen Vignetten:

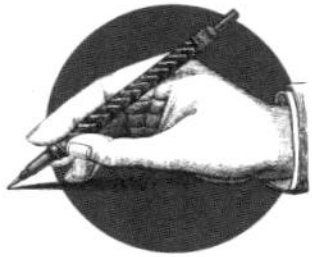

Sprache

Literatur

Dirk Blechschmidt war nach dem Studium praktisch schon auf dem Weg in die Schule, als 1996 die Rechtschreibreform dazwischenkam. Vor allem Kinder- und Schulbuchverlage suchten Leute, die sich damit auskannten. Seitdem lektoriert er Kinder- und Jugendbücher, liest „Die drei ???“, „Die drei !!!“ und vieles mehr Korrektur und sorgt als Experte für knifflige Fälle dafür, dass Deutschbücher auch dem strengen Blick von Lehrer*innen standhalten. Zwischendurch hat er das ein oder andere Wörterbuch auf die neueste Stufe der Rechtschreibreform umgestellt.

Es war spätabends, als K. ankam …: die fünf Auszüge aus den Romanen Franz Kafkas folgen den 1983 und 1984 im S. Fischer Verlag, Frankfurt am Main erschienenen Taschenbuchausgaben

Wissen kann man mitteilen … aus: Hermann Hesse: *Siddharta,* in: ders., *Sämtliche Werke in 20 Bänden.* Herausgegeben von Volker Michels, *Band 3: Roßhalde, Knulp, Demian, Siddhartha.*

Bilden Sie mal einen Satz mit … 555 Ergebnisse eines Dichterwettstreits, hrg. von Robert Gernhardt und Klaus Cäsar Zehrer, Fischer Taschenbuch Verlag, Frankfurt am Main 2007; die Verfasser sind: Georg Bungter *(Phlegma),* Ferdinand Quante *(Vokabel),* Michael Schönen *(Hindu, Inder),* Thomas Gsella *(Pfingsten, Ostern),* Hermann Bräuer *(Schakal, Eidechse)*

Dû bist mîn, ich bin dîn …: anonym, zitiert nach *Echtermeyer, Deutsche Gedichte,* hrg. von Elisabeth K. Paefgen und Peter Geist, Cornelsen, Berlin 2005

Der Werwolf: aus: Christian Morgenstern: *Gesammelte Werke in einem Band,* Piper, München 1989

Die Schnupftabaksdose: aus: Joachim Ringelnatz: *Das Gesamtwerk in sieben Bänden,* Bd. 1, Diogenes, Zürich 1994

Marc Liblin wächst in Frankreich am Fuß der Vogesen auf …: Text für die Karte geschrieben, nach *Rapa Iti* aus *Atlas der abgelegenen Inseln* von Judith Schalansky, mareverlag, Hamburg 2009

Traumfische, Der kleine Fuchs (romantisch): aus *Traumfische* von Dirk Held, illustriert von Henriette v. Bodecker,

Vom Dasein und Dortsein: aus *A bisserl weiter geht's immer. Mit dem Skizzenbuch durch das Wilde Österreich* von Sebastian Lörscher, Büchergilde Gutenberg, Frankfurt am Main, Wien und Zürich 2015

Es mahnt eine Mutter aus Menden …: von Ulla Beelte, https://www.deutsche-limericks.de/limericks/corona-limericks/, Limerick-Seite von Heinz Hermann Michels, Berlin, Abruf am 14.6.2021

Verwendete Texte und wo sie zu finden sind
Tipp: Erst später lesen.

Eigentlich ging es nur darum … (Knöllchen für 14.200 Euro): Text für die Karte geschrieben; nach einer dpa-Meldung in der Saarbrücker Zeitung vom 22.1.2021

Ein Fischer liegt gemütlich …: Text für die Karte geschrieben, nach der *Anekdote zur Senkung der Arbeitsmoral* von Heinrich Böll, zuerst erschienen in „Welt der Arbeit", der ehemaligen Wochenzeitung des DGB, 1963

Vadda und Kind … gefunden in *Dunkel war's, der Mond schien helle. Verse, Reime und Gedichte,* hrg. von Edmund Jacoby und illustriert von Rotraut Susanne Berner, Gerstenberg, Hildesheim 1999

Dies spielt während des Ersten Weltkrieges …: Mein Vater Thomas Mann. Aus: *Erika Mann: Mein Vater, der Zauberer,* Rowohlt, Reinbek bei Hamburg 1998

Ein reicher Mann verliert einen Beutel mit viel Geld …: Text für die Karte geschrieben, nach *Der kluge Richter* von Johann Peter Hebel, aus: *Schatzkästlein des rheinischen Hausfreundes,* hrg. von Winfried Theiss, Reclam, Stuttgart 1981

Herr von Ribbeck …: Theodor Fontane: *Herr von Ribbeck auf Ribbeck im Havelland* (1. Strophe), aus: *Echtermeyer, Deutsche Gedichte,* hrg. von Elisabeth K. Paefgen und Peter Geist, Cornelsen, Berlin 2005

O schaurig ist's übers Moor zu gehen …: Annette von Droste-Hülshoff: *Der Knabe im Moor* (1. Strophe), aus: *Echtermeyer, Deutsche Gedichte,* hrg. von Elisabeth K. Paefgen und Peter Geist, Cornelsen, Berlin 2005

Eins nutzt uns …: gefunden auf der Wikipedia-Seite https://de.wikipedia.org/wiki/Liste_deutscher_Palindrome# Satzpalindrome_und_Satzfragmentpalindrome, Abruf am 14.6.2021

Was willst du schon wieder? Satzzeichen retten Ehen: gefunden auf der Postkarte Nr. 5011, Skowronski & Koch Verlag, Berlin

Frühstücksfehler, Busensünde, Regenwurmwasser: gefunden in *Eine ungemein eigensinnige Auswahl unbekannter Wortschönheiten aus dem Grimmschen Wörterbuch,* ausgewählt und herausgegeben von Peter Graf, dtv, München 2019

Impressum

Arnoldstraße 13d
47906 Kempen

Fon 0 21 52 – 20 98 50
Mail info@moses-verlag.de
www.moses-verlag.de

Das große Deutsch-Quiz
ISBN 978-3-96455-155-9

Printed in China.

Text: Dirk Blechschmidt
Boxgestaltung: Stephanie Dünhölter
Kartengestaltung und Satz: Henry's Lodge
Lektorat: Matthias Leo Webel
Redaktion: Lukas Mai

Danke an alle, die testgelesen, mitgedacht und Ideen beigesteuert haben: Wilma Schwingboth, Andrea und Stefan Köhler, Nils und Piet Schwingboth. Danke an Nina Schiefelbein für die guten Tipps. Danke an alle Autor*innen, die ihre Texte für dieses Quiz zur Verfügung gestellt haben, insbesondere an Ulla Beelte, Georg Bungter, Thomas Gsella, Dirk Held, Sebastian Lörscher, Ferdinand Quante und Michael Schönen für ihre Unterstützung.

Bildnachweis Innenteil:
Buchstapel: Inesa/Adobe Stock
schreibende Hand: unorobus/Adobe Stock
Ballon: Alexander Pokusay/Adobe Stock
offenes Buch: alex74/Shutterstock
Bleistift: Alexander Pokusay/Adobe Stock
Emojis: streptococcus/Adobe Stock

Gämse, Känguru & Co.

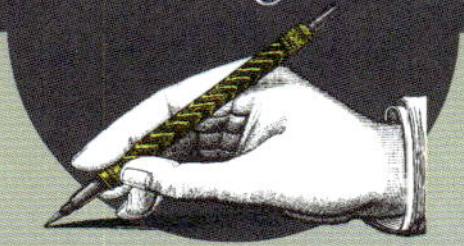

Vielleicht haben Sie auch bemerkt, dass seit einiger Zeit Gämsen und Kängurus anders aussehen als vorher. Woran liegt es?

Bei der *Gämse* (die früher eine *Gemse* war) liegt es daran, dass seit 1996 das Stammprinzip gilt. Das besagt, dass verwandte Wörter möglichst einheitlich geschrieben werden sollten. Und da es ja noch die *Gams* gibt, ist die *Gäms*e naheliegend.

Auch bei einigen anderen Wörtern haben Verwandtschaftsbeziehungen zu leichten Veränderungen geführt. Wie werden die Wörter, deren alte Schreibungen Sie unten sehen, heute geschrieben?

Karamel

Stengel

sich schneuzen

Quentchen

behende

überschwenglich

Tip

numerieren

Für Spezialist*innen: Und wieso sieht das *Känguru* jetzt anders aus als früher?

Lösung

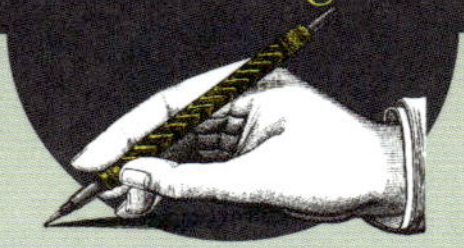

Heute werden die Wörter so geschrieben:

- *Stängel,* von *Stange*
- *sich schnäuzen,* von *Schnauze*
- *Karamell,* wegen *Karamelle*
- *Tipp,* wegen *tippen*
- *behände,* weil es mit *Händen* zu tun hat
- *Quäntchen,* weil *Quantum* zugrunde liegt
- *überschwänglich,* von *Überschwang*
- *nummerieren,* von *Nummer*

Für Spezialist*innen: Das neue Erscheinungsbild des *Kängurus* (das ja bis 1996 ein *Känguruh* war) hängt mit der h-Losigkeit anderer Tiere zusammen. Weil dem *Kakadu* und dem *Gnu* seit jeher das schmückende h fehlt, fand man es nur gerecht, auch das *Känguru* fortan h-los durch die Gegend hüpfen zu lassen.

Anekdote zur Senkung der Arbeitsmoral

Von Heinrich Böll stammt die *Anekdote zur Senkung der Arbeitsmoral,* die in einem kleinen Hafen im Westen Europas spielt. Hier die Kurzfassung:

Ein Fischer liegt gemütlich in seinem Boot und träumt vor sich hin, als ein Tourist des Weges kommt und ihn mit dem Klicken seiner Kamera aufschreckt. Der Fischer würde gern weiterdösen, doch der Tourist macht noch mehr Fotos von dieser Idylle und verwickelt ihn in ein Gespräch: Warum er denn nicht aufs Meer hinausfahre, es sei doch noch früh?

Das habe er heute schon getan, meint der Fischer, und der Fang reiche für zwei Tage.

Aber der Tourist lässt nicht locker: Der Fischer solle doch den Tag nutzen und noch mal rausfahren. Den Überschuss könne er verkaufen, und wenn er das eine Zeit lang so mache, könne er von dem Geld ein Kühlhaus bauen, ein zweites Boot kaufen, Leute einstellen. Und dann – der Tourist gerät fast in Ekstase über die goldene Zukunft, die er sich für den Fischer ausmalt, während der ihn nur kopfschüttelnd anschaut – könne der Fischer irgendwann andere für sich arbeiten lassen und hier im Hafen ganz gemütlich in der Sonne dösen!

Die Anekdote ist hier fast zu Ende. Stellen Sie sich vor, Sie wären der Fischer. Was würden Sie entgegnen?

Lösung

Heinrich Böll (1917–1985) hat viel Zeit in Irland verbracht, das man sich gut als Schauplatz dieser Geschichte aus dem Jahr 1963 vorstellen kann. Auf Achill Island hatte Böll ein Haus, und in diese Abgeschiedenheit an der irischen Westküste zog er sich gern zum Schreiben zurück.

Bei Böll endet die *Anekdote zur Senkung der Arbeitsmoral* so: *„Aber das tu ich ja schon jetzt“, sagt der Fischer, „ich sitze beruhigt am Hafen und döse, nur Ihr Klicken hat mich dabei gestört.“*

Falls Sie gerade auf der Suche nach Lektüre sind und Bölls *Irisches Tagebuch* noch nicht kennen, schauen Sie mal rein. Sollten Sie dabei von spontaner Reiselust gepackt werden, bedenken Sie vor der Abreise Bölls Hinweis: „Es gibt dieses Irland: wer aber hinfährt und es nicht findet, hat keine Ersatzansprüche an den Autor.“

Total frugal!

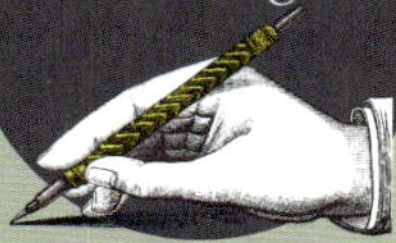

Es gibt diese merkwürdigen Wörter, bei denen man oft erst nach Jahren feststellt, dass sie etwas ganz anderes bedeuten, als man immer gedacht hat – manchmal sogar genau das Gegenteil. Wie steht es zum Beispiel mit den folgenden Wörtern?

Wenn Sie ein *frugales* Mahl zu sich nehmen, dann speisen Sie
- bescheiden.
- üppig.
- vegetarisch.

Wenn etwas *schlechterdings* die Wahrheit ist, dann ist es
- gelogen.
- die reine Wahrheit.
- wahrscheinlich ein bisschen geflunkert.

Wenn Ihnen jemand einen Gruß *entbietet*, dann
- grüßt er Sie.
- weigert er sich, Sie zu grüßen.
- wartet er darauf, dass Sie zuerst grüßen.

Wenn Sie *mitnichten* mit Nichten reisen, dann
- sind die Nichten dabei.
- sind die Nichten nicht dabei.

Lösung

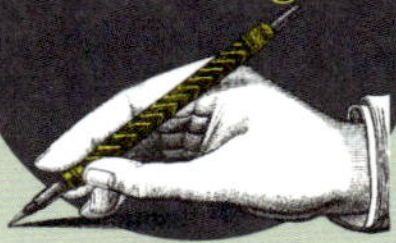

Da *frugal* auf das lateinische *frugalis* (nützlich, sparsam) zurückgeht, speisen Sie bescheiden.

Auch wenn *ent-* oft einen Gegensatz bezeichnet und man annehmen könnte, es gehe um ein Nicht-Grüßen, kommt *entbieten* von mittelhochdeutsch *enbieden,* was „durch jemanden ausrichten lassen" oder „anbieten" bedeutet. Es grüßt Sie also jemand oder lässt Sie grüßen.

Die Wörter *schlecht* und *schlicht* haben gemeinsame Wurzeln und bedeuteten ursprünglich beide *einfach, gerade.* Wenn jemand *schlechterdings* die Wahrheit sagt, dann ist es schlicht und einfach die Wahrheit.

Von ein bisschen Nonsens haben Sie sich natürlich nicht aufs Glatteis führen lassen: Sie reisen ohne Nichten.

Lösung

Gesucht ist der Wolf aus *Rotkäppchen.*

Zwar begeht auch der Wolf, der sechs der sieben Geißlein frisst, Identitätsdiebstahl, jedoch arbeitet er ohne den Kleidertrick.

Schurken, wie sie im Buche stehen

Gesucht: Männliches Wesen, Alter unbekannt, auffällige Ganzkörperbehaarung, geht seinem schändlichen Gewerbe immer alleine nach.

Bevorzugter Aufenthaltsort: Bewaldete, einsame Gegenden, in die sich nur selten ein Mensch verirrt.

Seine Masche: Identitätsdiebstahl. Der Gesuchte zeigt sich zunächst freundlich und umgänglich. Um an die gewünschten Informationen zu gelangen, verwickelt er seine Opfer in scheinbar harmlose Gespräche, bevor er sie schließlich verspeist, um fortan ihre Kleider zu tragen und sich für sie auszugeben.

Seine letzten Opfer: Eine ältere Dame und ihre Enkelin.

Können Sie Hinweise zur Identität des Gesuchten geben?

Gänge das? – Konjunktiv II

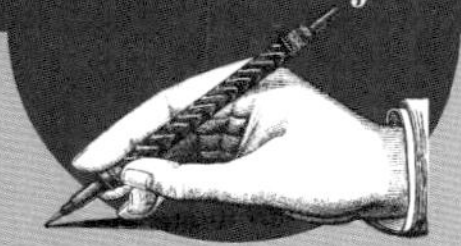

flöge, käme, grübe … Wer beim Scrabble-Spielen schon mal versucht hat, Umlaute loszuwerden, der weiß den Konjunktiv II zu schätzen. Und auch wenn wir uns im täglichen Leben meist mit wenigen Konjunktiven begnügen – *hätte, würde, könnte* –, ist es doch schön, dass es auch die skurrileren Formen gibt.

Wobei – gibt es die wirklich? Entscheiden Sie, ob es sich bei den folgenden um echte Konjunktiv-II-Formen handelt (die Sie bei Scrabble legen dürften) oder nicht:

er rüfe

ihr blieset

ihr zögt

sie schwömme

ihr empfählet

er lüde

es gänge

du verschwändest

du gäbst

sie bläsen

sie bögen

sehen, riechen, fühlen: Schaffen Sie es innerhalb eines Sanduhr-Durchlaufs, zwei dieser Verben im Konjunktiv II durchzukonjugieren? Also: *ich sähe, du sähst* (oder *sähest*), *er/sie/es …, wir …, ihr …, sie …*

Lösung

Real existierende Konjunktiv-II-Formen:
ihr zögt, ihr blieset, sie schwömme (auch: *sie schwämme*), *er lüde, ihr empfählet* (auch: *ihr empföhlet*), *du verschwändest, du gäbst, sie bögen*

Die anderen Formen gibt es nicht. Korrekt wäre:
er riefe, es ginge, sie bliesen

sehen: ich sähe, du sähst/sähest, er/sie/es sähe, wir sähen, ihr säht/sähet, sie sähen

riechen: ich röche, du röchst/röchest, er/sie/es röche, wir röchen, ihr röcht/röchet, sie röchen

fühlen: ich fühlte, du fühltest, er/sie/es fühlte, wir fühlten, ihr fühltet, sie fühlten

Tipp: Wenn man die Vergangenheitsform (Präteritum) eines Verbs hat, ist man schon fast beim Konjunktiv II:
Aus *er ging* wird *er ginge,* aus *sie schien* wird *sie schiene.*
Bei einigen Verben wird aus a, o und u im Konjunktiv II ä, ö und ü: *sie gab* wird *sie gäbe, es roch* wird *es röche.*

Am einfachsten ist es bei schwachen Verben (bei denen die Vergangenheit mit der Endung -te gebildet wird), denn Präteritum und Konjunktiv II sind gleich: *ich fühlte, du spieltest, sie baute …*

Balladen

Das „Ur-Ei der Dichtung“ hat Goethe die Ballade genannt, weil in ihr alle drei Literaturgattungen stecken – Epik, Dramatik, Lyrik. Hier eine von Goethes Balladen:

Vadda und Kind
reiten im Wind.
Kommt ’n Mann,
quatscht se an,
ob der Kleene
nicht mitkomm’n kann.

Vadda sagt: Nee.
Kind: Wehweh.
Vadda nach Haus.
Kind tot. Aus.

Das war natürlich die Kurzversion. Wie heißt das Original? Und können Sie bei den folgenden Balladen Autor*in und Werk zuordnen?

Der Knabe im Moor	Heinrich Heine
Belsatzar	Annette von Droste-Hülshoff
Die Ballade vom blutigen Bomme	Bertolt Brecht
Ballade von der Hanna Cash	Friedrich Schiller
Die Bürgschaft	Christa Reinig

Lösung

Die Kurzfassung von Goethes Ballade findet sich in der Gedicht- und Reimsammlung *Dunkel war's, der Mond schien helle.* Das etwas ausführlichere Original ist der *Erlkönig*, entstanden 1782.

Der Knabe im Moor: Annette von Droste-Hülshoff (1842)

Belsatzar: Heinrich Heine (1820)

Die Ballade vom blutigen Bomme: Christa Reinig (1972)

Ballade von der Hanna Cash: Bertolt Brecht (1921)

Die Bürgschaft: Friedrich Schiller (1799)

Ich? Ach!

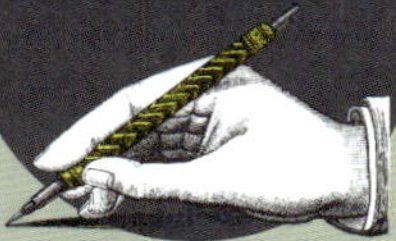

Vielleicht ist Ihnen schon einmal aufgefallen, dass das „ch" in *ich* anders ausgesprochen wird als in *ach*. Aber wieso eigentlich? In drei Schritten kommen Sie dem Rätsel auf die Spur.

Schritt 1: Sprechen Sie die beiden Wörter *ich* und *ach* deutlich aus. Bei welchem Wort stößt die Zunge weiter vorne an den Gaumen, bei welchem weiter hinten?

Schritt 2: Schauen Sie sich die Wörter unten genau an. Besser noch: Sprechen Sie sie deutlich aus. Dann tragen Sie sie in eine Tabelle ein: linke Spalte alle Wörter mit Ich-Laut, rechte Spalte alle mit Ach-Laut.

nicht kriechen Buch Bücher

frech Nacht Dächer doch Specht

Nächte hoch lachen suchen

Dach möchte

Schritt 3: Bedenken Sie, dass manche Vokale weiter vorne im Mund gebildet werden, manche weiter hinten. Und außerdem, dass die Zunge am liebsten da bleibt, wo sie ist. Mit einem letzten Blick in die Tabelle müsste das Rätsel um *ich* und *ach* zu lösen sein, oder?

Lösung

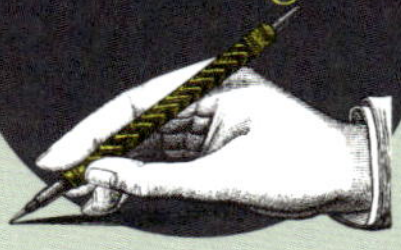

Schritt 1:

Das „ch“ in *ich* wird weiter vorne gebildet als das in *ach*, das fast schon im Rachen entsteht. Dabei sind sich die zwei Laute ziemlich ähnlich, beide sind Frikative (Reibelaute), die durch stetigen Luftstrom erzeugt werden.

Schritt 2:

Linke Spalte (Ich-Laut): *kriechen, nicht, Dächer, Nächte, frech, Bücher, Specht, möchte*

Rechte Spalte (Ach-Laut): *Buch, doch, Nacht, Dach, suchen, lachen, hoch*

Schritt 3:

Der Ich-Laut steht nach den Vokalen i, ä, e, ü und ö, die (wie der Ich-Laut) alle weiter vorne im Mund gebildet werden. Der Ach-Laut dagegen steht nach Vokalen, die weiter hinten im Mund gebildet werden, nämlich u, o, a.

Des Rätsels Lösung:

Wenn sie zum „ch“ kommt, bleibt die Zunge einfach schön gemütlich an der Stelle, an der der vorhergehende Vokal entstanden ist.

Märchen und Zauberei – Sprüche

Knusper, knusper, Knäuschen … Manche Sprüche und Beschwörungen aus Grimms Märchen machen es einem geradezu unmöglich, sie wieder zu vergessen, wenn man sie einmal gehört hat. Erinnern Sie sich, aus welchen Märchen die folgenden Sprüche stammen?

„Manntje, Manntje, Timpe Te …“

„Rucke di guh, rucke di guh,
Blut ist im Schuh …“

„Heute back ich, morgen brau ich …“

„Spieglein, Spieglein an der Wand,
wer ist die Schönste im ganzen Land?“

Suchen Sie sich zwei der Sprüche oben aus. Schaffen Sie es innerhalb eines Sanduhr-Durchlaufs, die Sprüche zu vervollständigen beziehungsweise beim letzten die Antwort zu geben?

Lösung

„Manntje, Manntje, Timpe Te, Buttje in der See,
meine Frau, die Ilsebill, will nicht so, wie ich wohl will."
aus „Vom Fischer und seiner Frau"

„Rucke di guh, rucke di guh, Blut ist im Schuh,
der Schuh ist zu klein, die rechte Braut sitzt noch daheim."
aus „Aschenputtel"

„Heute back ich, morgen brau ich,
übermorgen hol ich der Frau Königin ihr Kind.
Ach wie gut, dass niemand weiß,
dass ich Rumpelstilzchen heiß."
aus „Rumpelstilzchen"

„Spieglein, Spieglein an der Wand,
wer ist die Schönste im ganzen Land?"
„Frau Königin, Ihr seid die Schönste hier.
Aber Schneewittchen über den Bergen
bei den sieben Zwergen
ist noch tausendmal schöner als Ihr."
aus „Schneewittchen"; nach der dritten Vergiftungsaktion antwortet der Spiegel:
„Frau Königin, Ihr seid die Schönste im Land."

Das ist ja wie verheckst … äh, verhext!

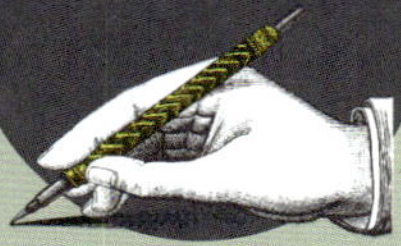

Eigentlich wäre es ganz praktisch, wenn jeder Laut, den wir aussprechen, immer mit ein und demselben Buchstaben geschrieben würde. Also statt *Hexe, fix* und *Fuchs* einfach *Hekse, fiks* und *Fuks*. Aber so langweilig ist Rechtschreibung natürlich nicht. Gerade bei der Laut-Kombination [ks] gibt es erstaunlich viele Möglichkeiten.

Wenn Sie sich nicht verunsichern lassen, dann lassen Sie sich nicht

› ins Bockshorn jagen.
› ins Boxhorn jagen.

Sitzt Ihr Kaninchen nicht mehr im Stall, dann ist es

› ausgebüchst.
› ausgebüxt.

Wenn Ihnen im Wald eine große Katze mit ungewöhnlichen Ohrhaaren begegnet, ist das vielleicht ein

› Luchs.
› Lux.

Das ideale Gerät, um im Garten Äste zu zerkleinern, ist der

› Häcksler.
› Hächsler.
› Häxler.

Lösung

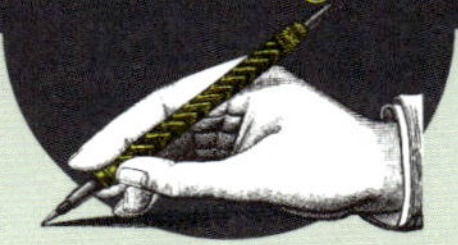

Richtig ist:

- *Bockshorn.* Die Herkunft der Redensart ist unklar, es geht aber auf jeden Fall um einen Bock, nicht ums Boxen.
- *ausbüxen.* Stammt zwar vom niederdeutschen *utbücksen,* wird aber mit x geschrieben und hat nichts mit der *Büchse* zu tun.
- *Luchs*. Wie *Fuchs, Dachs* und *Lachs* mit chs.
- *Häcksler*. Verwandt mit *hacken,* daher das ck.

Übrigens: *Hexe, fix* und *Fuchs* werden in Lautschrift tatsächlich [heksə], [fiks] und [fʊks] geschrieben. In der Internationalen Lautschrift ist jedem gesprochenen Laut genau ein Buchstabe bzw. Zeichen zugeordnet, sodass theoretisch jedes Wort aus jeder Sprache der Welt in Lautschrift geschrieben werden kann – und jeder nachvollziehen kann, wie es ausgesprochen wird. Das ist immer dann nützlich, wenn man vom geschriebenen Wort nicht direkt auf die Aussprache schließen kann, also vor allem beim Fremdsprachen-Lernen.

Aber Vorsicht beim [x]: Das steht in der Lautschrift für unseren Ach-Laut, also das ch in *Dach, Loch* oder *Buch*. In Lautschrift: [dax], [lɔx] und [bu:x].

Das haben Sie sich
jetzt verdient

No. 1

Das haben Sie sich jetzt verdient

Kleine Erfrischung gefällig? Hier einige Kostproben aus dem von Robert Gernhardt und Klaus C. Zehrer herausgegebenen Band **Bilden Sie mal einen Satz mit …**

Phlegma
Dein Leinensakko starrt vor Dreck –
mach wenigstens den Phlegma weg!

Vokabel
Es sprach der Forscher Georg Ohm:
„Vokabel sind, da ist auch Strom."

Hindu, Inder
Woher du kommst, wo Hindu gehst,
du Inder Regel nie verstehst.

Pfingsten, Ostern
Die Gegner waren überall.
Im Strafraum ein Gewimmel …
ein harter Schuss! Du Pfingsten Ball,
Ostern am Torwarthimmel!

Schakal, Eidechse
Die Kälte lässt ihr keine Ruh:
„'scha kal Füß!" – „Ei dechse zu!"

Da fehlen einem doch die Worte!

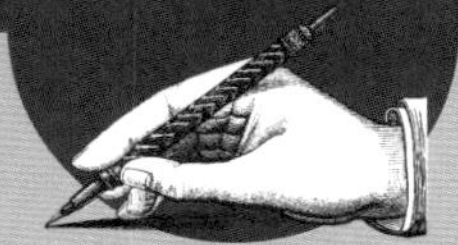

Schätzungsweise mehr als fünf Millionen Wörter gibt es im Deutschen. Da müsste doch für alles, was das Leben so zu bieten hat, ein Wörtchen dabei sein, könnte man annehmen. Umso verblüffender, wenn plötzlich Lücken im Wortschatz klaffen.

Welche der folgenden Wortpaare bzw. Worttrios lassen sich nicht durch ein einziges Wort ersetzen?

Mutter + Vater

Onkel + Tante

Oma + Opa

Berg + Berg + Berg

Brüder + Schwestern

Hügel + Hügel + Hügel

Cousins + Cousinen

Die vielleicht seltsamste Lücke ist eine kulinarische: Man ist hungrig, man isst, man ist *satt*. So weit klar. Man ist durstig, man trinkt, und dann ist man – ja, was eigentlich? *Undurstig*? Wie würden Sie die Lücke füllen?

Wer weiß, vielleicht gibt es genauso viele Lücken im Wortschatz wie Wörter? Wie würden Sie zum Beispiel den Geruch von nassem Hundefell bezeichnen? Oder das Geräusch von Fingernägeln auf einer Schultafel?

Lösung

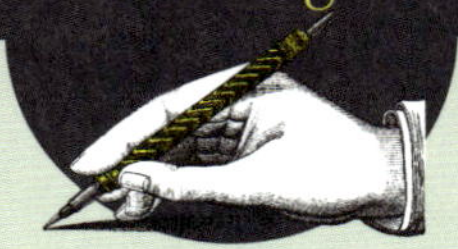

Bei diesen Verwandtschaftsbeziehungen gibt es keine Lücken: *Mutter + Vater = Eltern, Oma + Opa = Großeltern, Brüder + Schwestern = Geschwister.*

Aber weder *Onkel + Tante* noch *Cousins + Cousinen* lassen sich mit einem einzigen Begriff bezeichnen.

Berg + Berg + Berg lässt sich durch *Gebirge* ersetzen, bei *Hügel + Hügel + Hügel* muss man auf Umschreibungen wie *Hügelkette* oder *Höhenzug* zurückgreifen.

Übrigens: Die Vorsilbe *Ge-* stammt aus dem Althochdeutschen und deutet immer auf eine größere Menge hin: Das *Gebirge* sind mehrere Berge, die *Geschwister* sind Brüder und/oder Schwestern, bei *Gesang* wird viel gesungen, bei *Gemecker* viel gemeckert. Viele Hügel sind allerdings kein *Gehügel*. Viele Tiere mit Flügeln aber sehr wohl *Geflügel*.

Satt und …? Per Umfrage versuchte die Duden-Redaktion zusammen mit einem Getränkehersteller vor ein paar Jahren, die „Undurstig"-Frage zu klären. Es gab 100.000 Zuschriften, darunter Vorschläge wie *dulo* (für „durstlos"), *gewässert, abgefüllt* und *gelöscht*. Zum Sieger wurde das Wort *sitt* bestimmt. Wie gefällt es Ihnen? Ein würdiger Lückenfüller? Oder eher ein Lückenbüßer?

Herr von Ribbeck, mit kleinen Schwachstellen

Was passieren könnte, wenn man beim Dichten mal einen schlechten Tag erwischt, sehen Sie unten. Finden Sie die sechs Stellen in der ersten Strophe von *Herr von Ribbeck auf Ribbeck im Havelland*, die von Fontanes Version abweichen?

Herr von Ribbeck auf Ribbeck im Havelland,
Ein Birnbaum auf seinem Grundstück stand,
Und kam die goldene Herbsteszeit
Und die Birnen funkelten weit und breit,
Da stopfte, wenn's zwölfe vom Turme scholl,
Der von Ribbeck sich seinen Rucksack voll,
Und kam in Pantoffeln ein Junge daher,
So rief er: „Junge, wist 'ne Beer?"
Und kam ein Mädel, so schrie er: „Lütt Dirn,
Kumm man röwer, ick hebb 'ne Birn."

Für Spezialist*innen: Sie haben Fontanes Ballade mal auswendig gelernt? Vorbildlich! Die folgenden Fragen sollten Sie locker beantworten können:

- Was wurde bei von Ribbecks Beerdigung gesungen?
- Was sollte man von Ribbeck mit ins Grab legen?
- Was passierte nach drei Jahren am Grab?

Lösung

Hier die erste Strophe im Original:

Herr von Ribbeck auf Ribbeck im Havelland,
Ein Birnbaum in seinem Garten stand,
Und kam die goldene Herbsteszeit
Und die Birnen leuchteten weit und breit,
Da stopfte, wenn's Mittag vom Turme scholl,
Der von Ribbeck sich beide Taschen voll,
Und kam in Pantinen ein Junge daher,
So rief er: „Junge, wist 'ne Beer?"
Und kam ein Mädel, so rief er: „Lütt Dirn,
Kumm man röwer, ick hebb 'ne Birn."

Für Spezialist*innen:

- Gesungen wurde „Jesus, meine Zuversicht" (mit Feiergesicht).
- Eine Birne sollte mit ins Grab.
- Nach drei Jahren wuchs ein Birnbaumsprössling aus dem Grab. So waren auch nach von Ribbecks Tod die Kinder versorgt. Dass sein Sohn eher der knausrige Typ war, der Park und Birnbaum streng verwahrt hielt, hatte er ja geahnt.

Meckern auf hohem Niveau

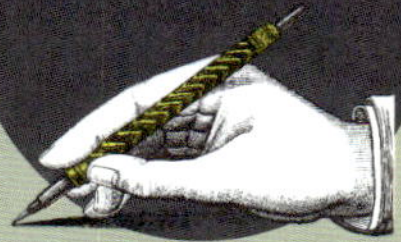

„Mensch, wegen dir haben wir jetzt den Zug verpasst!"
„Deinetwegen, meinst du wohl."
„Quatsch, ich war rechtzeitig fertig!"
„Trotzdem: deinetwegen!"

Wer darauf besteht, korrekt angemeckert zu werden, trägt nicht immer zur Klärung der Lage bei. Und was ist hier eigentlich korrekt? Wie würden Sie entscheiden?

- *„Kinder, hättet ihr gestern das Zelt nicht besser abspannen können? Wegen euch / Euretwegen ist jetzt alles nass!"*

- *„Und wer hat den Kocher vergessen? Wegen dir / Deinetwegen mussten wir gestern Abend kalte Ravioli essen!"*

- *Werter Kollege! Sie lassen es sich gut gehen in Ihrem Campingurlaub! Gerade jetzt! Wegen Ihnen / Ihretwegen muss ich hier den ganzen Schreibkram selbst erledigen!*
  Verärgerte Grüße, Alfons Zwergli

Für Spezialist*innen: Wie heißt es eigentlich richtig?
„Hast du dir / Hast du dich schon wieder an Opas Zigarrenschrank zu schaffen gemacht?"

Lösung

2016 hat der Duden in „Richtiges und gutes Deutsch" offiziell sein Okay gegeben: Im Gesprochenen ist *wegen dir* genauso als standardsprachlich anzusehen wie *deinetwegen*.

Es geht also beides:
„Wegen dir / Deinetwegen haben wir den Zug verpasst."
„Wegen euch / Euretwegen ist jetzt alles nass."
„Wegen dir / Deinetwegen mussten wir kalte Ravioli essen."

Auch in schriftlichen Texten ist *wegen dir* etc. nicht falsch, klingt aber umgangssprachlicher als *deinetwegen*. Alfons Zwergli würde deshalb wahrscheinlich schreiben: *Ihretwegen muss ich hier den ganzen Schreibkram selbst erledigen.*

Für Spezialist*innen: Hier ist sich der Duden seit einiger Zeit unschlüssig, was eigentlich richtig ist. Kurioserweise heißt es im Online-Duden *Hast du dich ...*, in der aktuellen gedruckten Ausgabe dagegen *Hast du dir ...* bzw. *Ich habe mir daran zu schaffen gemacht.* Praktisch: Sie können gar nichts falsch machen. Da kann man nicht meckern!

5 Sätze – 1 Autor

⌛ Kommen Sie in einem Sanduhr-Durchlauf darauf, wer die Romane und Erzählungen geschrieben hat, deren Anfänge Sie hier sehen? Einen Tipp finden Sie unten.

- *Es war spätabends, als K. ankam. Das Dorf lag in tiefem Schnee.*
- *Liebster Vater, Du hast mich letzthin einmal gefragt, warum ich behaupte, ich hätte Furcht vor Dir.*
- *Vor dem Gesetz steht ein Türhüter.*
- *Jemand musste Josef K. verleumdet haben, denn ohne dass er etwas Böses getan hätte, wurde er eines Morgens verhaftet.*
- *Als Gregor Samsa eines Morgens aus unruhigen Träumen erwachte, fand er sich in seinem Bett zu einem ungeheuren Ungeziefer verwandelt.*

Tipp: Die gesuchte Person lebte von 1883 bis 1924 meist in Prag. Der Person selbst wäre es am liebsten gewesen, wenn alle ihre Texte nach ihrem Tod vernichtet worden wären – was aber nicht geschah.

Lösung

Bei der gesuchten Person handelt es sich um Franz Kafka. Die ersten Sätze stammen aus folgenden Erzählungen und Romanen:

- *Es war spätabends, als K. ankam ...* aus: *Das Schloss*, 1922
- *Liebster Vater ...* aus: *Brief an den Vater*, 1919
- *Vor dem Gesetz steht ein Türhüter ...* aus: *Vor dem Gesetz*, 1915
- *Jemand musste Josef K. verleumdet haben ...* aus: *Der Prozess*, 1914–1915
- *Als Gregor Samsa eines Morgens aus unruhigen Träumen erwachte ...* aus: *Die Verwandlung*, 1915

Von diesen fünf Texten wurden nur *Vor dem Gesetz* (aus dem Roman *Der Prozess*) und *Die Verwandlung* zu Kafkas Lebzeiten veröffentlicht. Kafka hatte seinen Freund Max Brod darum gebeten, nach seinem Tod alle unveröffentlichten Texte ungelesen zu vernichten. Brod hielt sich aber nicht daran.

Kafka ist einer der wenigen Schriftsteller, die es zu einem eigenen Adjektiv gebracht haben – „kafkaesk“.

Dass das so einfach ist!

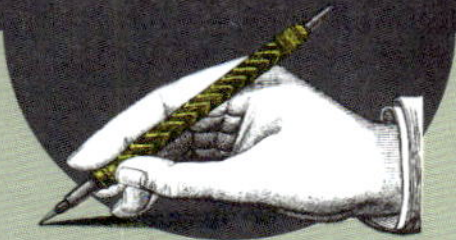

Stimmt, die beiden Wörter sehen sich zum Verwechseln ähnlich und man kann beim Schreiben durchaus mal ins Grübeln geraten: *das* oder *dass*? Zwei Faustregeln helfen:

1: Könnte man auch *dieses, jenes, welches* schreiben? Dann **das**:
Siehst du *dieses* Haus? Siehst du *das* Haus?
Das Haus, *welches* dort steht. Das Haus, *das* dort steht.
Jenes finde ich unheimlich. *Das* finde ich unheimlich.

2: Es leitet einen Nebensatz ein und lässt sich nicht durch *dieses* etc. ersetzen? Dann **dass**:
Ich glaube, *dass* es darin spukt.

das oder *dass*? Reichen Ihnen zwei Sanduhr-Durchläufe?

Eigentlich ging es nur darum, da_ ein Lkw auf dem Radweg geparkt hatte. Da_ Knöllchen, da_ die Polizeibeamten in Bochum dafür ausstellten, belief sich auf 20 Euro. Da_ wollte der Lkw-Fahrer jedoch nicht bezahlen. Er zeigte sich so uneinsichtig, da_ die Polizisten beschlossen, da_ Fahrzeug genauer zu untersuchen. Da_ wiederum ließ den Fahrer recht kleinlaut werden. Die Untersuchung des Fahrtenschreibers ergab dann auch, da_ der Fahrer seit Wochen gegen die Regeln für Ruhe- und Lenkzeiten verstoßen und diverse Tempolimits missachtet hatte, so da_ da_ Bußgeld sich letztlich auf 14.200 Euro belief.

Lösung

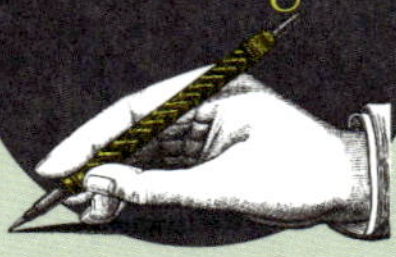

Eigentlich ging es nur darum, <u>dass</u> ein Lkw auf dem Radweg geparkt hatte. <u>Das</u> Knöllchen, <u>das</u> die Polizeibeamten in Bochum dafür ausstellten, belief sich auf 20 Euro. <u>Das</u> wollte der Lkw-Fahrer jedoch nicht bezahlen. Er zeigte sich so uneinsichtig, <u>dass</u> die Polizisten beschlossen, <u>das</u> Fahrzeug genauer zu untersuchen. <u>Das</u> wiederum ließ den Fahrer recht kleinlaut werden. Die Untersuchung des Fahrtenschreibers ergab dann auch, <u>dass</u> der Fahrer seit Wochen gegen die Regeln für Ruhe- und Lenkzeiten verstoßen und diverse Tempolimits missachtet hatte, so <u>dass</u> <u>das</u> Bußgeld sich letztlich auf 14.200 Euro belief.

nach einer dpa-Meldung
aus der „Saarbrücker Zeitung" vom 22.1.2021

Dass man in den entscheidenden Situationen auf keinen Fall das Zauberwort vergessen darf, weiß doch jedes Kind. Das gilt im Märchen wie im echten Leben.

Eines der wichtigsten Zauberwörter in den Märchen von Wilhelm Hauff ist „Mutabor". Was bewirkt es?

- Menschen in Tiergestalt können sich zurückverwandeln.
- Es setzt die Zauberpantoffeln des kleinen Muck in Bewegung, die sonst am Boden festkleben.
- Es löst den Nagel in der Stirn des Kapitäns, mit dem er an den Mast des Gespensterschiffs gebannt ist.

In Grimms Märchen *Der süße Brei* fängt ein Zaubertopf an, Brei zu kochen, wenn man „Töpfchen koche" sagt. Wie heißt der zweite Teil des Zauberspruchs, den man auf keinen Fall vergessen sollte?

- „Brei – es sei vorbei."
- „Töpfchen steh."

In *Drachentage* von Julia Breitenöder gerät ein Junge in den Kampf zwischen Elfen und Zwergen. Er bittet drei Drachen, sich mit ihm auf die Seite der Elfen zu schlagen. Die Drachen haben aber wenig Lust darauf und wollen erst das Zauberwort hören. Wie heißt es?

- „Expecto patronum!"
- „Bitte."

Lösung

„Mutabor“ (lateinisch für „ich werde verwandelt werden“) sorgt im Märchen *Kalif Storch* dafür, dass sich ein Kalif und sein Großwesir aus Störchen wieder zurück in Menschen verwandeln können.

Lange Zeit geht es Mutter und Tochter gut mit dem Zaubertopf, den die Tochter eines Tages im Wald von einer alten Frau geschenkt bekommen hat. Denn obwohl sie arm sind, haben sie immer genug zu essen – das Mädchen muss nur „Töpfchen koche“ sagen, und der Topf kocht süßen Brei. Als die Mutter eines Tages aber allein zu Hause ist und Hunger hat, versucht sie den Zauber selbst. Es klappt auch, der Topf kocht Brei und sie isst sich satt. Nur fällt ihr dann nicht ein, wie sie den Topf stoppen kann (nämlich mit „Töpfchen steh“), sodass der Brei überkocht und bald durch die Küche, das Haus und schließlich durchs ganze Dorf schwappt.

Der aus dem Ruder gelaufene Zauber kommt Ihnen eventuell aus dem *Zauberlehrling* bekannt vor. Nur sind bei Goethe die Rollen andersrum verteilt – die Jugend macht Unfug, der alte Meister bringt es wieder in Ordnung.

Mit „Expecto patronum“ kommt man vielleicht in Hogwarts weiter, aber bei drei Drachen hilft selbstverständlich nur „bitte“.

Silbentrennung – st

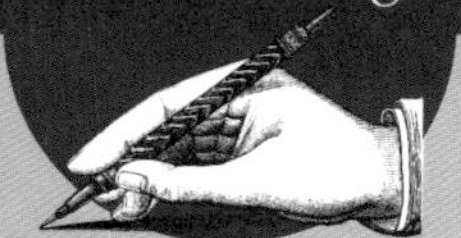

Im Nachhinein betrachtet war die Silbentrennung vor der Rechtschreibreform 1996 manchmal ziemlich kurios. Wieso war zum Beispiel st so empfindlich, dass jedes Kind lernte: „Trenne nie st, denn es tut ihm weh“?

Heute gelten zwei einfache Regeln:

- Trenne nach Sprechsilben – also so, wie es sich beim langsamen Sprechen ergibt, z. B. *Kis-te, Fens-ter.*
- Trenne nach Wortbestandteilen, z. B. *Bau-stein.*

Entscheiden Sie: Welche dieser Trennungen galten bis 1996, welche gelten erst seitdem? Und bei welchen hat sich nichts geändert?

Kunst-stück

Haus-tür

lu-stig

hus-ten

Pi-ste

Ein-stich

Bürs-te

herbst-lich

Für Spezialist*innen: Wenn es um Silbentrennung geht, teilen *Ameisen, Igel, Esel* und *Haie* ein Schicksal. Inwiefern?

Lösung

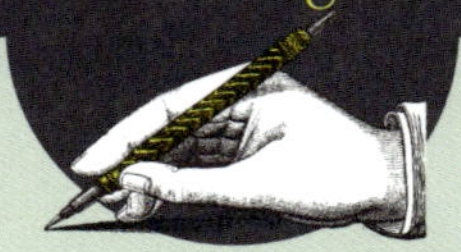

Bis 1996:
Pi-ste, lu-stig (heute: *Pis-te, lus-tig*)

Heute:
hus-ten, Bürs-te (bis 1996: *hu-sten, Bür-ste*)

Schon immer:
Kunst-stück, Haus-tür, Ein-stich, herbst-lich

Für Spezialist*innen: Nach der Reform 1996 konnten einzelne Vokale am Wortanfang und -ende abgetrennt werden. Die Trennungen *A-meise, I-gel, E-sel* und *Hai-e* waren genauso möglich wie *E-cke, O-fen* oder *Bi-o*. Das galt auch für Zusammensetzungen: *Walda-meise, Backo-fen, Bi-omüll.* Weil das aber nicht so richtig schön aussah, war 2007 wieder Schluss damit.

Eulenspiegel, Münchhausen & Co.

Als Held*in einer Schelmen- oder Lügengeschichte ist man zwar festgelegt auf eine Rolle, dafür hat man aber ein paar bewährte Mittel, um das Publikum zu erfreuen:

1. Andere ärgern, indem man alles wörtlich nimmt.
2. Augenzwinkernd Unmögliches behaupten.
3. Dümmer tun, als man eigentlich ist.

Können Sie die folgenden Held*innen und ihre Taten den drei Strategien oben zuordnen?

Münchhausen	Rathaus ohne Fenster bauen, Licht in Eimern hineintragen wollen
Till Eulenspiegel	eine Kerze löschen
die Schildbürger	auf einer Kanonenkugel reiten, unterwegs auf eine zweite Kugel umsteigen

Für Spezialist*innen: Dass jemand dümmer tut, als er ist, hat bei bestimmten Schelm*innen oben einen guten Grund. Können Sie sich einen vorstellen?

Lösung

Alles wörtlich zu nehmen ist nur eine von Till Eulenspiegels Methoden, um andere zu ärgern und die Lacher auf seiner Seite zu haben. Zum Beispiel versteht er den Auftrag, das Licht zu löschen, wörtlich und setzt alles unter Wasser, statt bloß eine Kerze auszublasen. Opfer von Eulenspiegels Streichen kann jeder werden, der seiner Meinung nach Verspottungsbedarf hat, manchmal treibt ihn auch schlicht die Lust an der Boshaftigkeit.

Baron von Münchhausen lässt sich per Kanonenkugel in ein feindliches Heerlager befördern, das er ausspionieren will. Unterwegs fällt ihm ein, dass der Rückweg schwer werden könnte, und er steigt kurzerhand auf eine entgegenkommende Kanonenkugel um. Klar: unmöglich. Aber so stimmig und überzeugend erzählt, dass man sich gerne belügen lässt.

Die Schildbürger bauen ein Rathaus ohne Fenster und versuchen, mit Gefäßen Licht ins Dunkel zu bringen.

Für Spezialist*innen: Die Schildbürger tun das nicht, weil sie dumm sind, sondern im Gegenteil: Weil sie als besonders schlau galten, nahm jeder gern ihre Dienste in Anspruch. Für ihre eigenen Angelegenheiten hatten sie kaum noch Zeit. Das nervte auf Dauer so sehr, dass sie sich lieber dumm stellten, um ihre Ruhe zu haben.

Dreifacher Buchstabenwert

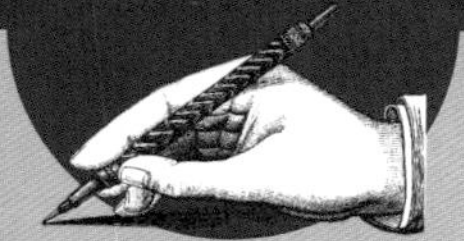

Ist es verwerflich, mit möglichst geringem Einsatz möglichst weit kommen zu wollen? Nicht beim Scrabble-Spielen.

Stellen Sie sich vor, Sie haben am Ende der Partie noch die Buchstaben Ü B E N D R.

Sie könnten natürlich alle auf einmal loswerden, indem Sie ÜBENDER mit einem freien E legen *(ein übender Gitarrist)*. Viel mehr bringt es aber, wenn Sie in jedem Zug nur 1 bis 2 Buchstaben anlegen und dann immer für das ganze Wort Punkte bekommen:

- ÜB an ein freies E = *übe*, 1. Person Singular Präsens
- N anlegen = *üben*, Infinitiv
- D anlegen = *übend*, Partizip Präsens
- E anlegen = *übende*, flektiertes Partizip Präsens
- R anlegen = *übender*, flektiertes Partizip Präsens

Jetzt Sie bitte! Spielen Sie mit den Buchstaben zwei Partien zu Ende, indem Sie sie nach dem Prinzip oben in möglichst vielen Schritten an ein freies E anlegen. Sie müssen die Buchstaben noch in die richtige Reihenfolge bringen. Reichen Ihnen zwei Sanduhr-Durchläufe?

Partie 1:

L Ö N N D E

Partie 2:

N Ä E S N D

Lösung

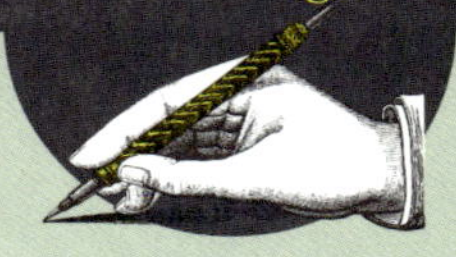

Partie 1:

ÖLE (1. Person Singular Präsens): *Ich öle die Kette.*
ÖLEN (Infinitiv): *Kette ölen – leichter treten.*
ÖLEND (Partizip Präsens): *Ölend und schraubend stehen sie an ihren Fahrrädern.*
ÖLENDE (flektiertes Partizip Präsens): *Ölende und schraubende Menschen haben so etwas Beruhigendes.*
ÖLENDEN (flektiertes Partizip Präsens): *Ölenden und schraubenden Menschen schaue ich gerne zu.*

Partie 2:

SÄE: *Ich säe Radieschen.*
SÄEN: *Erst säen, dann Nacktschnecken vertreiben.*
SÄEND: *Säend stehe ich im Gemüsebeet.*
SÄENDE: *Säende Helfer sind immer willkommen.*
SÄENDEN: *Mit einem säenden Helfer macht es am meisten Spaß.*

Genauso gut eignet sich in der 2. Partie übrigens *äsen.*

Das haben Sie sich jetzt verdient

No. 2

Das haben Sie sich jetzt verdient

Eine kleine Verschnaufpause wäre jetzt gar nicht schlecht, oder? Wie gut, dass gerade Joachim Ringelnatz mit seiner Schnupftabaksdose des Weges kommt.

Die Schnupftabaksdose

Es war eine Schnupftabaksdose,
die hatte Friedrich der Große
sich selbst geschnitzelt aus Nussbaumholz.
Und darauf war sie natürlich stolz.

Da kam ein Holzwurm gekrochen,
der hatte Nussbaum gerochen.
Die Dose erzählte ihm lang und breit
von Friedrich dem Großen und seiner Zeit.

Sie nannte den alten Fritz generös.
Da aber wurde der Holzwurm nervös
und sagte, indem er zu bohren begann:
„Was geht mich Friedrich der Große an!“

Ein Dichter teilt eine Feige

Zu der Zeit, als diese Anekdote spielt, ist der Vater bereits ein bekannter Schriftsteller, ebenso sein Bruder. Später werden auch die meisten seiner Kinder Schriftsteller*innen. Haben Sie eine Idee, um welche Familie es geht?

Dies spielt während des Ersten Weltkrieges, wo wir nichts zu essen hatten, absolut nichts, und wo zwischen uns vier Kindern jede Winzigkeit, die es gab, genau und mathematisch geteilt wurde. Also es wurden quasi die Erbsen gezählt.

Nun also eines schönen Tages war eine Feige übrig geblieben und es war ganz klar, dass diese Feige zwischen uns vier Kindern geteilt werden musste – meine Mutter war der Ansicht und wir vier waren der Ansicht.

Was tat mein Vater? Er gab mir allein diese Feige und sagte: „Da, Eri, iss."

Ich natürlich fing sofort an zu fressen, die anderen drei Geschwister staunten entsetzt und mein Vater sagte sentenziös mit Betonung: „Man soll die Kinder früh an Ungerechtigkeit gewöhnen."

Für Spezialist*innen: In der Anekdote findet sich ein Hinweis, welches der Kinder sie erzählt. Wer ist es?

Lösung

Es geht um die Familie Mann. Der Vater, Thomas Mann (1875–1955), war durch seinen Roman *Buddenbrooks* (1901) und die Novelle *Der Tod in Venedig* (1911) längst bekannt; 1929 erhielt er den Nobelpreis für Literatur.

Seinen Bruder Heinrich Mann (1871–1950) machte der Roman *Professor Unrat* bekannt, der 1930 mit Marlene Dietrich als *Der blaue Engel* verfilmt wurde. Häufiger als Schullektüre hat jedoch sein Roman *Der Untertan* gedient.

Thomas Manns Kinder Klaus, Erika, Golo und Monika Mann wurden ebenfalls Schriftsteller*innen; die größte Bekanntheit erreichten Klaus Manns Romane *Der Vulkan* und *Mephisto.*

1933 emigrierte die Familie in die Schweiz, später in die USA. Nach dem Ende der Naziherrschaft lebten Thomas Mann und ein Teil seiner Familie in der Schweiz – in den USA hatte er sich als angeblicher Unterstützer Stalins vor dem „Komitee für unamerikanische Umtriebe" verantworten müssen, in Deutschland nahm ihm dagegen ein Teil der Öffentlichkeit übel, dass er von der Kollektivschuld der Deutschen überzeugt war.

Für Spezialist*innen: Die Anekdote stammt aus *Mein Vater, der Zauberer* von Erika Mann, die in der Familie „Eri" genannt wurde.

Lieblingsfehler

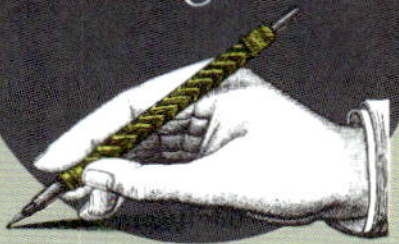

Haben Sie das auch – Lieblingsfehler? Wörter, die Ihnen so ans Herz gewachsen sind, dass Sie sie immer wieder gern im Wörterbuch nachschauen? Weil Sie sich einfach nicht merken können, wie sie geschrieben werden? Falls Ihnen Lieblingsfehler fehlen, hier ein paar Kandidaten:

Drache und *Drachen*. Was ist was?

- Das Fluggerät, das man steigen lässt.
- Das Fabeltier, das gern auf Schätzen sitzt.

Mine und *Miene.* Was ist was?

- Ein unterirdischer Gang.
- Ein Sprengkörper.
- Ein Gesichtsausdruck.
- Ein entscheidendes Teil in Kulis und Bleistiften.

Und wie sieht es hier aus – was ist richtig?

- *Herzlich willkommen! / Herzlich Willkommen!*
- *wieviel / wie viel*
- *Silvester / Sylvester*
- *Widerkäuer / Wiederkäuer*
- *zurzeit / zur Zeit*
- *die beiden / die Beiden*

Lösung

Der *Drache* ist das Fabeltier, der *Drachen* ist das Fluggerät. Auch der Genitiv unterscheidet sich: *der Schatz des Drachen, die Schnur des Drachens.*

Die *Mine* ist sowohl der unterirdische Gang als auch der Sprengkörper und die Kuli- und Bleistifteinlage. Nur der Gesichtsausdruck hat ein ie.

Herzlich willkommen, denn *willkommen* ist hier ein Adjektiv; die Grußformel ist kurz für: *Du bist hier herzlich willkommen.*
Silvester ist der 31. Dezember, *Sylvester* der Vorname.
Richtig ist *zurzeit* in der Bedeutung „jetzt", „im Moment": *Wir haben zurzeit nur vormittags geöffnet;* aber getrennt, wenn „in der Zeit", „während" gemeint ist: *zur Zeit Karls des Großen, zur Zeit des Lockdowns im Frühling.*
Korrekt ist außerdem *wie viel* und *Wiederkäuer.*
Kleingeschrieben wird immer *die beiden.*

Klassiker unter sich

Goethe, Schiller, Lessing – wenn man es hinbekommt, auch nach über 200 Jahren in praktisch jedem Deutsch-Lehrwerk vertreten zu sein, dann hat man alles richtig gemacht, oder? Können Sie die Figuren, Werke, Begriffe und Zitate Goethe, Schiller und Lessing zuordnen?

„Walle, walle, manche Strecke, dass zum Zwecke Wasser fließe“

Ringparabel

Nathan der Weise

Wilhelm Tell

Mephisto

„Durch diese hohle Gasse muss er kommen.“

„Deine Zauber binden wieder, was die Mode streng geteilt.“

Faust

„Es ist Arznei, nicht Gift, was ich dir reiche!“

Gretchenfrage

Götz von Berlichingen

Ode an die Freude

Der Zauberlehrling

„Sag’s ihm, er kann mich im Arsche lecken.“

Lösung

Goethe: Aus *Faust* (1808) stammt die Figur *Mephisto*, außerdem die *Gretchenfrage* („Nun sag, wie hast du's mit der Religion?"); im *Zauberlehrling* (1797) bringt der Spruch „*Walle, walle, manche Strecke, dass zum Zwecke Wasser fließe*" den nimmermüden Besen zum Laufen; aus dem Schauspiel *Götz von Berlichingen* (1774) stammt der Ausspruch: „*Sag's ihm, er kann mich im Arsche lecken.*"

Schiller: In der später von Beethoven vertonten Ode *An die Freude* (1786) heißt es: „*Deine Zauber binden wieder, was die Mode streng geteilt.*" Und in der hohlen Gasse nach Küssnacht lauert *Wilhelm Tell* im gleichnamigen Schauspiel (1804) seinem Widersacher Gessler auf.

Lessing: Aus dem Drama *Nathan der Weise* (1779) stammt die *Ringparabel*, in der es um das Zusammenleben von Juden, Christen und Muslimen geht, sowie der Ausspruch „*Es ist Arznei, nicht Gift, was ich dir reiche!*", mit dem Nathan in einer Diskussion mit seiner Tochter seine harten Worte ihr gegenüber zu erklären versucht.

Komma in Satzreihen? Nichts leichter als das!

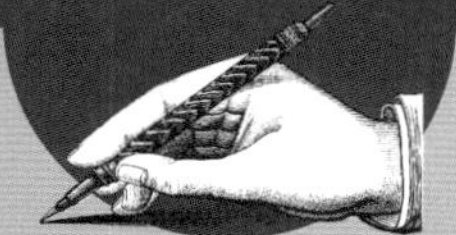

Manchmal sind die Dinge viel einfacher als vermutet. Hätten Sie zum Beispiel gedacht, dass eine einzige Faustregel reicht, um treffsicher das Komma in Satzreihen zu setzen? Nämlich diese:

Zwischen den Hauptsätzen einer Satzreihe steht ein Komma; vor *und* bzw. *oder* kann es wegfallen.

Also: *Heute back ich, morgen brau ich(,) und übermorgen hol ich der Frau Königin ihr Kind.* Das erste Komma muss gesetzt werden. Das eingeklammerte Komma können Sie setzen oder weglassen – wie es Ihnen besser gefällt.

Setzen Sie da, wo Sie es für nötig halten, ein Komma. Reichen Ihnen zwei Sanduhr-Durchläufe?

Es gab Intrigen es gab Tränen es gab enttäuschte Liebe. Doch Alfons Zwergli klagte nicht denn er wusste: Bald würde sich alles zum Guten wenden. Und tatsächlich: Da funkelte wieder der Morgentau auf den Bergwiesen leise gluckerte das Bächlein und verträumt schauten ihn Lämmlein und Kälblein aus ihren sanften Augen an. Wunderbar. Leider dauerte das immer nur ein paar Sekunden dann ging es weiter mit Intrige und Hinterlist. Niemals, wirklich niemals würde Alfons Zwergli irgendjemandem verraten, dass er „Stürmische Liebe" nur wegen der schönen Landschaft schaute.

Lösung

Es gab Intrigen, es gab Tränen, es gab enttäuschte Liebe. Doch Alfons Zwergli klagte nicht, denn er wusste: Bald würde sich alles zum Guten wenden. Und tatsächlich: Da funkelte wieder der Morgentau auf den Bergwiesen, leise gluckerte das Bächlein(,) und verträumt schauten ihn Lämmlein und Kälblein aus ihren sanften Augen an. Wunderbar. Leider dauerte das immer nur ein paar Sekunden, dann ging es weiter mit Intrige und Hinterlist. Niemals, wirklich niemals würde Alfons Zwergli irgendjemandem verraten, dass er „Stürmische Liebe" nur wegen der schönen Landschaft schaute.

Klosterstuben

Bevor Gutenberg im 15. Jahrhundert den Buchdruck ankurbelte, hatten vor allem Mönche und Nonnen in den Klöstern gut mit der Buchproduktion zu tun. Aber wie ging es eigentlich zu in den mittelalterlichen Schreibstuben?

Auch in den Klosterstuben ging es schon darum, von einer Vorlage Kopien anzufertigen. Wie machte man das?

- Mit Kartoffeldruck. In den Klostergärten wurde eine besonders große Kartoffel gezüchtet *(Solanum catholica)*, in die ganze Buchseiten eingeritzt werden konnten.
- Per Hand. Jedes Buch musste komplett abgeschrieben werden. Oder jemand diktierte es.

In welcher Sprache waren die meisten Texte verfasst, die in den Klosterstuben vervielfältigt wurden?

- Auf Latein. Wichtige Texte für das religiöse Leben waren in der Regel in Latein verfasst.
- Auf Althochdeutsch, also in der Sprache, die die Mönche selbst sprachen und die sie gerne umfangreich dokumentieren wollten.

Für Spezialist*innen: Wenn jemand Missetat an Missetat reiht, könnte man sagen: *Das geht auf keine Kuhhaut.* Entstanden ist dieser Spruch in der Zeit der klösterlichen Schreibstuben. Können Sie sich erklären, woher er kommt?

Lösung

Jedes Buch musste per Hand kopiert werden. Was einerseits den Nachteil hatte, dass beim Abschreiben immer wieder Fehler gemacht wurden. Andererseits kann man anhand dieser dann wieder abgeschriebenen Fehler heute gut nachverfolgen, welches Kloster von welchem abgeschrieben hat und welche Handschriften am ältesten sind (die mit den wenigsten Fehlern).

Im Kloster waren religiöse Texte wichtig, vor allem die Bibel, und dafür galt Latein als die einzig angemessene Sprache.

Die vergleichsweise wenigen althochdeutschen Texte, die wir heute kennen, sind oft nur deshalb überliefert, weil irgendwo noch eine halbe Seite frei war, die dann ein Mönch ausnahmsweise mal dafür nutzen konnte. So ist zum Beispiel das *Hildebrandslied* auf die freien Vorsatzblätter einer lateinischen Textsammlung geschrieben worden.

Für Spezialist*innen: Die Redewendung geht auf die Vorstellung zurück, dass der Teufel von jedem Sünder eine Liste seiner Schandtaten führt. Dabei benutzte er offenbar dasselbe Schreibmaterial wie die Mönche in den Klosterstuben, nämlich Pergament (das ja aus Kuhhaut besteht). War die Liste der Sünden besonders lang, ging sie auf keine Kuhhaut mehr – der Platz auf dem Pergament wurde einfach zu knapp.

Emojis

Das waren noch Zeiten, als man zum Schreiben nur Worte hatte oder höchstens noch ein paar Auslassungspunkte. Ganz schön ins Grübeln kam man da manchmal ... Aber dann kamen die Emojis 😃, und jetzt kann kein Zweifel mehr bestehen, ob jemand etwas 😂 findet oder ☹️ oder einfach nur zum 🤮.

Genau betrachtet kann man oft auch ganz auf Worte verzichten. Stellen Sie sich vor, jemand lädt Sie mit der folgenden Nachricht zu einem kleinen Weihnachtssingen ein. Welche Lieder stehen auf dem Programm?

1. 

2. 

3. 

4. 

5. 

6. 

7. 

Lösung

1. 

O Tannenbaum

2. 

Leise rieselt der Schnee

3. 

Am Weihnachtsbaum
die Lichter brennen

4. 

Still, still, still, weil's Kindlein
schlafen will

5. 

Süßer die Glocken nie
klingen

6. 

Was soll das bedeuten?

7. 

Stille Nacht, heilige Nacht

Märchen und Zauberei – Magische Gegenstände

Das hätten sich die Brüder Grimm auch nicht träumen lassen, dass heute fast jeder seinen eigenen magischen Gegenstand mit sich herumträgt. Ein Klick, ein Anruf reichen, um zu wissen, ob Verwandte und Freunde wohlauf sind. Im Märchen geht das nicht ganz so komfortabel.

Welcher magische Gegenstand sagt den Geschwistern in *Die zwei Brüder,* wie es dem anderen geht?

- Ein Messer, dessen Klinge sich verfärbt.
- Ein Rosenquarz, der jede beliebige Person zeigt.
- Ein Tablett, auf dem eine Schrift erscheint.

Drei Brüder, drei magische Dinge, die sie am Ende ihrer Lehrzeit erhalten, und ein betrügerischer Wirt, der sie stiehlt. Womit überlistet der dritte Bruder den Wirt?

- Mit dem Tischlein-deck-dich.
- Mit dem Goldesel.
- Mit dem Knüppel-aus-dem-Sack.

Für Spezialist*innen: Erinnern sie sich an den Anfang des zweiten Märchens oben? Der Vater wirft die drei Brüder zu Hause raus, weil er einem Tier (das ihn ständig belügt) mehr glaubt als seinen Söhnen. Um welches Tier geht es?

Lösung

Die zwei Brüder sehen an der Klinge des magischen Messers, wie es dem anderen geht. Glänzt sie, ist alles in Ordnung. Ist sie gerostet, ist der andere tot. Als der eine Bruder bemerkt, dass die Klinge schon halb gerostet ist, weiß er, dass der andere dringend Hilfe braucht.

In dem Moment, als der Wirt im Märchen *Tischleindeckdich, Goldesel und Knüppelausdemsack* versucht, auch noch den magischen Sack zu stehlen, lässt der dritte Bruder den Knüppel daraus hervorkommen. Der Knüppel bearbeitet den Wirt, der daraufhin zugibt, auch schon das Tischlein und den Goldesel an sich gebracht zu haben.

Für Spezialist*innen: „Ich bin so satt, ich mag kein Blatt: mäh, mäh!“, antwortet die Ziege den Söhnen, als sie sie draußen auf der Weide fragen, ob sie genug gefressen hat. Zu Hause beschwert sich die Ziege dann aber: „Wie sollt ich satt sein? Ich sprang nur über Gräbelein und fand kein einzig Blättelein: mäh, mäh!“ Der erboste Vater hält daraufhin seine Söhne für schlechte Hirten und wirft sie raus. Dass die Ziege ihn belogen hat, merkt er zu spät.

Passt das? – Nomen und Pronomen

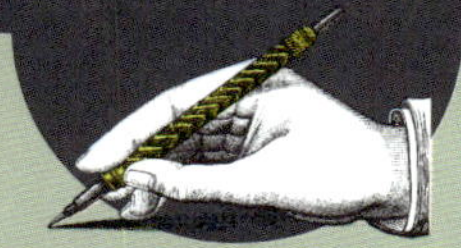

Der Mann und sein Fahrrad, die Frau und ihr Fahrrad – so weit kein Problem. Knifflig wird es aber, wenn natürliches und grammatisches Geschlecht nicht übereinstimmen wie zum Beispiel bei *Mädchen*. Grammatisch gesehen ist *das Mädchen* zwar ein Neutrum, aber natürlich sind Mädchen weiblich.

Wie würden Sie entscheiden – was passt, was nicht?

- Das Mädchen, das kurz zögert, betritt den Laden.
- Das Mädchen, die kurz zögert, betritt den Laden.

- Das Mädchen hält an und schließt das Rad ab. Seine Satteltasche nimmt es mit in den Laden.
- Das Mädchen hält an und schließt das Rad ab. Ihre Satteltasche nimmt sie mit in den Laden.

- das Mädchen und sein Fahrrad
- das Mädchen und ihr Fahrrad

Für Spezialist*innen: Wie heißt es richtig? *Der Bauer ist die einzige Figur, die/der anders schlägt, als sie/er normalerweise zieht.*

Lösung

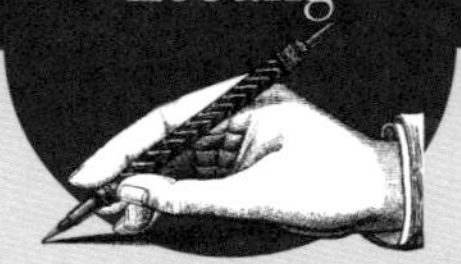

Das Schöne (oder vielleicht Unbefriedigende) ist, dass es hier nicht immer eine eindeutige Lösung gibt. Generell könnte man sagen: Je näher das Pronomen an seinem Bezugswort steht, desto eher richtet es sich nach dem grammatischen Geschlecht.

Das Mädchen, das kurz zögert, betritt den Laden. Nomen *(das Mädchen)* und Pronomen *(das)* stehen direkt nebeneinander. Hier ist die Sache noch eindeutig.

Das Mädchen hält an und schließt das Rad ab. Ihre Satteltasche nimmt sie mit in den Laden. Hier ist der Abstand zum Bezugswort groß, deshalb können sich die Pronomen (*ihre* und *sie*) gut auf das natürliche Geschlecht beziehen.

das Mädchen und sein/ihr Fahrrad: Hier dürften sich die Geister scheiden. Ist das Bezugswort noch so nah, dass es auf jeden Fall *sein Fahrrad* heißen muss? Oder ist es schon so weit weg, dass man auch *ihr Fahrrad* sagen könnte? Immerhin: Mit *das Mädchen und sein Fahrrad* können Sie nichts falsch machen.

Für Spezialist*innen: Da hier *die Figur* das Bezugswort ist, muss es heißen: *Der Bauer ist die einzige Figur, die anders schlägt, als sie normalerweise zieht.*

Ausgezeichnet

Bob Dylan hat ihn bekommen, ebenso Samuel Beckett, Toni Morrison und Olga Tokarczuk. Fallen Ihnen auf Anhieb drei deutschsprachige Autor*innen ein, die mit dem Nobelpreis für Literatur ausgezeichnet wurden?

Begehrt unter den Preisen für deutschsprachige Literatur ist der Ingeborg-Bachmann-Preis. Allerdings wird er auf eine recht spezielle Art vergeben. Wie?

- Die Autor*innen treten gegeneinander an und tragen der Jury ein unveröffentlichtes Werk vor.
- Die Autor*innen, die in die Vorauswahl kommen, bilden selbst die Jury und wählen den Preisträger.
- Wenn die Jury sich nicht einigen kann, entscheidet eine Partie „Stadt, Land, Fluss".

Wie der Wahnsinn mir die Welt erklärte, *Tschick* und *Als ich mit Hitler Schnapskirschen aß* haben welche Auszeichnung gemeinsam?

- Den Wilhelm-Busch-Preis.
- Den Deutschen Jugendliteraturpreis.
- Den Preis der Stiftung Buchkunst.

Für Preisverleiher*innen: Stellen Sie sich vor, nach Ihnen würde ein Buchpreis benannt. Was macht für Sie ein Buch so gut, dass Sie es auszeichnen würden?

Lösung

Die Schwedische Akademie vergibt seit 1901 den Nobelpreis für Literatur, den wohl begehrtesten Literaturpreis überhaupt. Die bisherigen deutschsprachigen Nobelpreisträger*innen sind:

Theodor Mommsen, 1902; Rudolf Eucken, 1908;
Paul Heyse, 1910; Gerhart Hauptmann, 1912;
Carl Friedrich Georg Spitteler, 1919; Thomas Mann, 1929;
Hermann Hesse, 1946; Nelly Sachs, 1966;
Heinrich Böll, 1972; Elias Canetti, 1981;
Günter Grass, 1999; Elfriede Jelinek, 2004;
Herta Müller, 2009; Peter Handke, 2019

Wer in Klagenfurt mit dem Ingeborg-Bachmann-Preis ausgezeichnet werden möchte, muss einer Fachjury etwa 25 Minuten lang einen bislang unveröffentlichten Prosatext vortragen und dabei einen möglichst guten Eindruck machen.

Wie der Wahnsinn mir die Welt erklärte von Dita Zipfel, *Tschick* von Wolfgang Herrndorf und *Als ich mit Hitler Schnapskirschen aß* von Manja Präkels wurden mit dem Deutschen Jugendliteraturpreis ausgezeichnet, Dita Zipfels Buch mit den Illustrationen von Rán Flygenring außerdem mit dem Preis der Stiftung Buchkunst.

Das haben Sie sich jetzt verdient

No. 3

Das haben Sie sich jetzt verdient

In ihrem **Atlas der abgelegenen Inseln** erzählt Judith Schalansky eine Geschichte, die eigentlich zu fantastisch klingt, um wahr zu sein, aber doch so passiert sein soll. Hier die Kurzfassung:

Marc Liblin wächst in Frankreich am Fuß der Vogesen auf. Als er sechs Jahre alt ist, fangen die Träume an, in denen er eine Sprache lernt, die ihm völlig unbekannt ist. Bald kann er sie nicht nur im Traum fließend sprechen. Allerdings: Niemand kann ihm sagen, welche Sprache das ist.

Irgendwann zieht er in die Bretagne, und als er 33 ist, werden Sprachwissenschaftler der Uni Rennes auf ihn aufmerksam. Aber auch ihnen gelingt es nicht herauszufinden, welche Sprache Marc Liblin im Traum gelernt hat.

Eines Tages gibt er in einer Kneipe in Rennes eine kleine Kostprobe, und zufällig hört ein Angehöriger der Marine zu. Er erinnert sich, dass er Liblins Traumsprache schon einmal gehört hat. Und zwar von einer Frau, die jetzt in der Pariser Banlieue wohnt, aber ursprünglich von einer winzigen Pazifikinsel stammt.

Kurz darauf klingelt Marc Liblin an einer Tür in der Pariser Vorstadt. Er begrüßt die Frau, die ihm öffnet, in seiner geträumten Sprache – und Make Meretuini antwortet ihm in derselben Sprache, der alten Sprache ihrer Heimatinsel Rapa Iti.

Januswörter

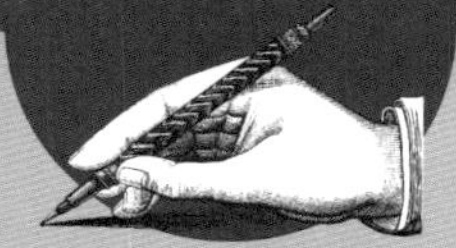

Stellen Sie sich vor, Sie sind mit dem Fahrrad unterwegs und plötzlich taucht vor Ihnen jemand auf – was sollten Sie dann tun? Ihn umfahren? Oder ihn besser nicht umfahren? Ganz klar: natürlich beides.

Umfahren gehört zu den sogenannten Januswörtern – Wörter, die gleichzeitig auch ihr Gegenteil bedeuten können. Wenn Sie den Fußgänger umfahren, also um ihn herumfahren, sorgen Sie dafür, dass Sie ihn nicht umfahren, also überfahren.

Auch hinter den folgenden Beschreibungen stecken Januswörter. Finden Sie heraus, um welche es geht?

von oben alles überblicken / etwas nicht bemerken

bei Sonnenaufgang heller werden / bei Sonnenuntergang dunkler werden

Papier zu einer Rolle wickeln / eine Papierrolle auseinanderziehen

etwas bedecken / die Bedeckung von etwas herunternehmen

Lösung

von oben alles überblicken / etwas nicht bemerken:
übersehen

bei Sonnenaufgang heller werden / bei Sonnenuntergang dunkler werden:
dämmern

Papier zu einer Rolle wickeln / eine Papierrolle auseinanderziehen:
aufwickeln, aufrollen

etwas bedecken / die Bedeckung von etwas herunternehmen:
abdecken

Falls Sie bei „Janus“ das Bild einer antiken Götterstatue vor Augen haben, die mit ihren beiden Gesichtern in entgegengesetzte Richtungen blickt, liegen Sie genau richtig. Bei den römischen Göttern war Janus für Anfang und Ende zuständig.

Vermessene Welten

Die Vermessung der Welt von Daniel Kehlmann (2005) ist eine fiktive Parallelbiografie. Den Mathematiker und den weltreisenden Forscher, deren Leben beschrieben wird, hat es aber tatsächlich gegeben. Um wen geht es?

- Leonhard Euler und Georg Forster
- August Ferdinand Möbius und Wilhelm von Humboldt
- Carl Friedrich Gauß und Alexander von Humboldt

Einer der beiden beeindruckt schon als Grundschüler mit erstaunlichen mathematischen Fähigkeiten. Wie?

- Er kann unfassbar schnell die Zahlen von 1 bis 100 zusammenrechnen.
- Er kann das Einmaleins schneller als der Schulleiter.
- Er entwickelt schon als Kind eine Methode, mit der er die Genauigkeit von Landkarten verbessert.

Die Vermessung der Welt und *Wäldchestag*, der 2000 erschienene Debutroman von Andreas Maier, haben eine ungewöhnliche Gemeinsamkeit. Welche?

- Beide Bücher sind über weite Strecken im Konjunktiv geschrieben.
- In beiden spielt der Pfingstdienstag eine wichtige Rolle.
- Unerträgliche Zahnschmerzen sorgen für ein erweitertes Bewusstsein und bahnbrechende Erkenntnisse.

Lösung

Es geht um Carl Friedrich Gauß (1777–1855) und Alexander von Humboldt (1769–1859).

Gauß sollte sich in der Schule still beschäftigen und dabei die Zahlen von 1 bis 100 addieren. Er erkannte, dass in dieser Rechnung 50 x 101 steckt, nämlich 50-mal 1 + 100, 2 + 99, 3 + 98 usw., und konnte seinem Lehrer sogleich das Ergebnis präsentieren, 5050.

Als Erwachsener verbesserte Gauß die Genauigkeit bei der Landvermessung entscheidend und somit auch die Genauigkeit von Landkarten.

Die Vermessung der Welt ist über weite Strecken im Konjunktiv geschrieben – *Wäldchestag* sogar komplett.

Das Schönste im ganzen Land

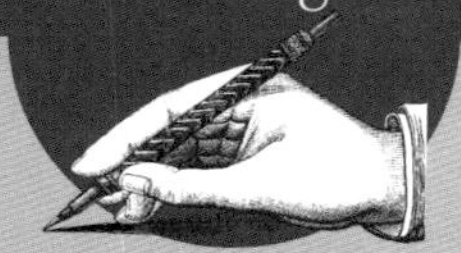

Im Jahr 2004 wollte der Deutsche Sprachrat gern wissen, welches eigentlich das schönste deutsche Wort ist. Fast 23.000 Einsendungen bekam er daraufhin mit Vorschlägen und Begründungen.

Was denken Sie – welches der folgenden Wörter wurde am häufigsten genannt? Und haben Sie eine Idee, welches Wort dank der guten Begründung zum schönsten Wort gekürt wurde?

Rhabarbermarmelade
Freiheit
Augenblick
Gemütlichkeit
Schmetterling
Liebe
Sonnenschein
Habseligkeiten
Frieden
Kindergarten
Heimat
Geborgenheit
Sehnsucht

Für Preisverleiher*innen: Ist Ihr Lieblingswort oben dabei? Wenn nicht – welches ist für Sie das schönste deutsche Wort?

Lösung

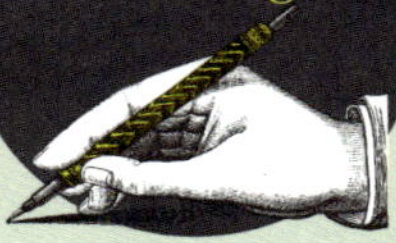

Am häufigsten genannt wurde *Liebe*, auf den weiteren Plätzen folgen *Gemütlichkeit, Sehnsucht, Heimat, Kindergarten, Freiheit, Frieden, Sonnenschein* und *Schmetterling.*

Überzeugend fand die Jury auch die Vorschläge *Geborgenheit, Augenblick* und *Rhabarbermarmelade*. Am besten gefiel ihr allerdings die Begründung für *Habseligkeiten,* das dann auch zum schönsten deutschen Wort bestimmt wurde: Diesem Wort gelinge es, den Gegensatz zwischen *Haben* und *Sein* aufzuheben, es beschreibe das Glück, das man bei den kleinen, scheinbar wertlosen Dingen empfinde, die einem ans Herz gewachsen sind.

Schaurig? Lauschig!

Düstere Schauergeschichten von der Nachtseite des Lebens, Sehnsucht nach den sonnigen Seiten – die Literatur der Romantik hat beides. In ihrer Ballade *Der Knabe im Moor* berichtet Annette von Droste-Hülshoff allerdings eher von der dunklen Seite.

Lassen Sie doch mal ein bisschen Sonne in die erste Strophe. Dafür eignen sich die markierten Stellen, aber auch andere. Wenn Sie ein paar Vorschläge brauchen – unten finden Sie sie.

O schaurig ist's über's Moor zu gehn,
Wenn es wimmelt vom Heiderauche,
Sich wie Phantome die Dünste drehn
Und die Ranke häkelt am Strauche,
Unter jedem Tritte ein Quellchen springt,
Wenn aus der Spalte es zischt und singt,
O schaurig ist's über's Moor zu gehn,
Wenn das Röhricht knistert im Hauche!

Mehr Licht: *herrlich – lauschig – zwei Tänzer – Verliebte – in der Sonne – hell im Lichte – lacht – gluckert – kichert*

Lösung

An einem sonnigen Tag könnte der Gang durchs Moor so anfangen:

O herrlich ist's über's Moor zu gehn,
Wenn es wimmelt vom Heiderauche,
Sich wie zwei Tänzer die Dünste drehn
Und die Ranke häkelt am Strauche,
Unter jedem Tritte ein Quellchen springt,
Wenn in der Sonne es lacht und singt,
O herrlich ist's über's Moor zu gehn,
Wenn das Röhricht kichert im Hauche!

Getrennt oder zusammen? – Adjektiv + Verb

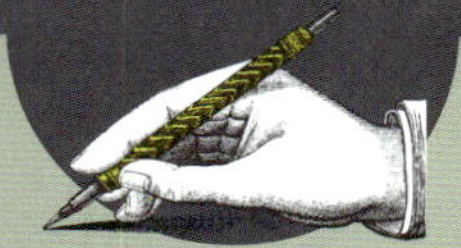

Unser Wortschatz bietet einen ziemlich großen Vorrat an Adjektiven und Verben mit schier unendlichen Kombinationsmöglichkeiten. Aber wann schreibt man Adjektiv + Verb eigentlich getrennt, wann zusammen? Zum Glück gibt es dafür zwei Faustregeln:

- Die Wörter behalten ihre tatsächliche Bedeutung? **Getrennt**, zum Beispiel: *schnell gehen, laut reden.*
- Die Wörter haben zusammen eine neue Bedeutung? **Zusammen**, zum Beispiel: *schiefgehen, falschliegen.*

Kombinieren Sie Adjektiv und Verb, am besten in einem kurzen Satz. Entscheiden Sie: getrennt oder zusammen? Tipp: Je nach Bedeutung geht manchmal beides.

warm
fertig
gerade
gut

stehen
essen
schreiben
bringen
halten

Für Spezialist*innen: Verbindungen wie *klein hacken* bzw. *kleinhacken* können sowohl getrennt als auch zusammengeschrieben werden. Welche Regel gilt hier?

Lösung

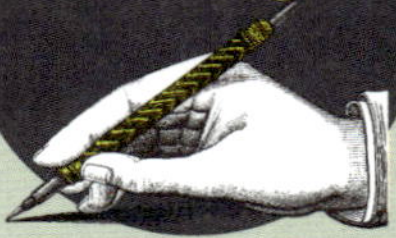

Getrennt wird geschrieben:

- *das Essen warm halten,*
- *mit einem Füller gut schreiben,*
- *etwas für gut halten,*
- *gut essen,*
- *einen Brief fertig schreiben,*
- *fertig essen,*
- *gerade stehen,*
- *sich gerade halten,*
- *gerade schreiben*

Zusammen wegen neuer (übertragener) Bedeutung:

- *sich jemanden warmhalten (sich weiter um seine Freundschaft, sein Wohlwollen bemühen),*
- *einen Rechnungsbetrag gutschreiben (verrechnen),*
- *etwas fertigbringen (hinbekommen),*
- *für etwas geradestehen (die Verantwortung übernehmen)*

Für Spezialist*innen: Verbindungen wie *klein hacken, rot färben* oder *warm machen* können getrennt oder zusammengeschrieben werden (also auch *kleinhacken, rotfärben, warmmachen)*, weil das Adjektiv das Resultat des Vorgangs bezeichnet: am Ende ist etwas klein, rot oder warm.

Gesucht: Zwei Männer mittleren Alters, derzeitiger Wohnsitz unbekannt.

Bevorzugter Aufenthaltsort: Die Dachböden gutgläubiger, biederer Mitbürger.

Ihre Masche: Brav daherkommen und darauf vertrauen, dass ihre Opfer gern an dieses brave Trugbild glauben, selbst wenn es nichts mehr zu glauben gibt.

Ihre letzte Schandtat: Eine komplette Stadt mit einem Feuer in Schutt und Asche legen.

Hinweis: Die beiden gesuchten Personen sind schon vor einigen Jahrzehnten der Fantasie eines gewissen Herrn F. entsprungen.

Können Sie Hinweise zur Identität der beiden Gesuchten geben?

Lösung

Die beiden Gesuchten sind Josef Schmitz und Wilhelm Maria Eisenring, besser bekannt als die Brandstifter aus Max Frischs Drama *Biedermann und die Brandstifter.* Sie nisten sich auf dem Dachboden von Herrn und Frau Biedermann ein, und obwohl Schmitz und Eisenring offenbar alles heranschaffen, was nötig ist, um das Haus abzufackeln, lassen die Biedermanns sie gewähren und nehmen sie sogar noch in Schutz.

Die Idee zu dem Stück hatte Max Frisch kurz nach dem Zweiten Weltkrieg, und auch wenn er es selbst als „Lehrstück ohne Lehre" bezeichnet hat, ist der Bezug zum Faschismus unverkennbar.

Wörter sind deine Freunde

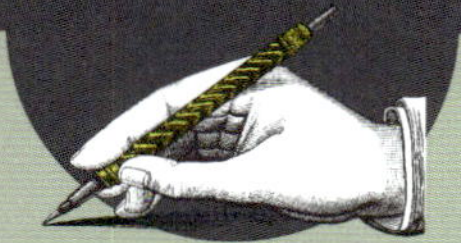

Meistens lohnt es sich, die Dinge auch mal aus einer anderen Perspektive zu betrachten. Das gilt auch beim nächsten Satz, der ein extralanges Beispiel für eine sprachliche Besonderheit ist.

Eins nutzt uns: Amore. Die Rederei da, die Rederei der Omas, nutzt uns nie.

Um welche Besonderheit geht es? Kennen Sie auch den Fachbegriff dafür?

Lassen Sie sich auch beim nächsten Satz nicht zu sehr vom Inhalt ablenken. Was fällt Ihnen auf?

Als beim Chorfest die elf Friseurinnen gesungen hatten, insistierte jemand, kein lebensbejahender Mensch nächtige ohne Patchwork-Quilt respektive Steppdecke, Tortenheber und Vierkantschlüssel, wo Xanthippen Yoga zelebrieren.

⌛ Nachdem Sie die Rückseite der Karte gelesen haben: Finden Sie selbst jeweils ein Beispiel? Beim ersten Phänomen kann das auch ein Name sein. Reichen Ihnen dafür drei Sanduhr-Durchläufe? Spitze!

Lösung

Bei einem Palindrom ist es egal, ob Sie es von vorne oder von hinten lesen, es kommt immer dasselbe dabei heraus.

Warum der Gesang der elf Friseurinnen diesen Gedankengang ausgelöst hat, lässt sich vielleicht nie klären. Klar ist aber, dass es sich um einen Satz handelt, in dem alle 26 Wörter der Reihe nach mit den Buchstaben des Alphabets anfangen.

Märchen und Zauberei – Magische Wohnorte

Selbst als Hexe, Frau Holle oder Mann mit eisgrauem Bart braucht man ein Dach über dem Kopf. Wie und wo wohnt man eigentlich im Märchen?

Auch wenn sie kannibalische Absichten hegt, die Hexe in *Hänsel und Gretel* hat es sich richtig schön gemacht. Wie sieht es bei ihr aus?

- Das Haus ist aus Brot, das Dach aus Kuchen, die Fenster aus Zucker.
- Überall im Haus liegen Perlen und Edelsteine.
- Auf Hänsel und Gretel warten frisch bezogene Betten.

Klar, auch Frau Holle wohnt in einem schönen Häuschen und jeden Tag werden Kissen und Bettdecken ausgeschüttelt. Aber wie kommt man zu ihr?

- Durch ein großes Tor, aus dem manchmal Pech regnet.
- Über einen tiefen See.
- Durch einen Brunnen.

Das Haus, in dem der Mann mit dem eisgrauen Bart im Märchen *Das Waldhaus* lebt, ist eigentlich ein verwunschenes Schloss. Wer das Waldhaus besucht, ohne sich um die drei Tiere des Mannes zu kümmern, bekommt nachts Probleme. Welche?

- Er bekommt unstillbaren Durst.
- Das Bett tut sich auf und verschluckt ihn.
- Die Tiere tragen am nächsten Morgen seine Kleider.

Lösung

Am und im Hexenhaus sieht es tatsächlich so aus: Das Haus ist aus Brot, das Dach mit Kuchen gedeckt und die Betten sind frisch bezogen. Und nachdem sie die Hexe in den Ofen geschoben haben, finden Hänsel und Gretel überall Perlen und Edelsteine.

Zu Frau Holle gelangt man durch einen Brunnen. Auf dem Nachhauseweg kommt man allerdings durch ein Tor, das einen für gute Taten mit Gold überschüttet. Bei schlechten Taten hat man dagegen Pech gehabt.

Wer sich vor dem Abendessen im Waldhaus nicht um schön Hühnchen, schön Hähnchen und die schöne bunte Kuh kümmert und sich nur selbst den Bauch vollschlägt, den verschluckt nachts das Bett.

Vergangenheitsbewältigung

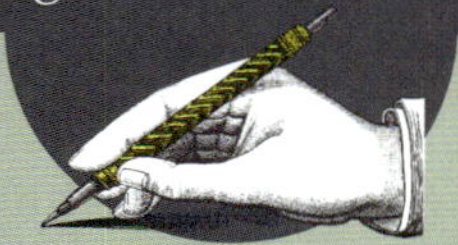

Eigentlich ist das Präteritum im Deutschen doch ganz einfach. Bei den schwachen Verben wird *-te* drangehängt, und die starken Verbformen kennt auch jeder. Also: *ich malte ein Bild, ich schrieb einen Brief, ich hing meine Jacke auf … äh, ich hängte meine Jacke auf …* Verflixt!

Wie würden Sie entscheiden?

- *Ich hing meine Jacke an den Haken.*
- *Ich hängte meine Jacke an den Haken.*

- *Er wand sich vertrauensvoll an Herrn Schmeck.*
- *Er wandte sich vertrauensvoll an Herrn Schmeck.*
- *Er wendete sich vertrauensvoll an Herrn Schmeck.*

- *Sie wog nachdenklich den Kopf hin und her.*
- *Sie wiegte nachdenklich den Kopf hin und her.*

- *Er wog das Für und Wider ab.*
- *Er wägte das Für und Wider ab.*

Für Spezialist*innen: Das Verb *hängen* hat auch im Perfekt seine Tücken. Warum heißt es *Ich habe meine Jacke an die Garderobe gehängt*, aber *Deine Jacke hat schon an der Garderobe gehangen*?

Lösung

- *Ich hängte meine Jacke an den Haken.*
  Aber: *Deine Jacke hing schon da.* Mehr dazu unter „Für Spezialist*innen".

- *Er wandte/wendete sich vertrauensvoll an Herrn Schmeck.*
  Beide Formen sind als Präteritum zu *sich an jemanden wenden* möglich. Die Form *wand* gehört dagegen zu *winden*, zum Beispiel: *Die Straße wand sich den Berg hinauf.*

- *Sie wiegte nachdenklich den Kopf hin und her.*
  In der Bedeutung „hin- und herbewegen" ist die richtige Form *wiegte*, zum Beispiel auch: *Er wiegte das Baby, bis es schlief.* Wenn es um das Gewicht des Babys geht, heißt es dagegen: *Er wog das Baby.*

- *Er wägte das Für und Wider ab.*
  Geht zurück auf *abwägen*, nicht auf *abwiegen*.

Für Spezialist*innen: Wenn eine Bewegung im Spiel ist, heißt es *ich hängte ...* bzw. *ich habe gehängt.* Wenn es um einen Zustand geht (die Jacke also bewegungslos dahängt), heißt es: *die Jacke hing* bzw. *hat gehangen.*

Das haben Sie sich jetzt verdient

No. 4

Das haben Sie sich jetzt verdient

Wie wär's mit einer Pause? Ein bisschen Zeit zum Träumen? Vielleicht träumen Sie mit zwei Gedichten von Dirk Held noch besser.

Traumfische

Die Nacht
ist ein Aquarium
randvoll
mit schwarzen Fischen.

Du siehst sie nicht,
sie schwimmen stumm
lächelnd
in der Nacht herum.

Kein Blick, kein Köder
kann sie fangen,
sie sind im Traum
zu angeln.

Der kleine Fuchs (romantisch)

Der kleine Fuchs will lesen,
so um die Mitternacht,
drum hat er sich aus Tulpen
ein Leselicht gemacht.

Es ist nicht still im Walde
und war's im Grunde nie,
der ganze Wald singt leise
die Waldnachtmelodie.

Es klingen Eul' und Käuzchen
mal schön und mal verstimmt
und eine Seite raschelt,
wo Licht und Tulpe glimmt.

Die verflixte zweite Zeile

Ist das Gehirn tatsächlich eine Black Box, wie manche meinen, bei der die Eingabe von Signal A automatisch zu Signal B führt? Mal schauen: *O Tannenbaum, o Tannenbaum …*
Kam Signal B zuverlässig? Gut.

Was passiert aber in der Black Box, wenn Signal B zuerst kommt? Testen Sie es einfach direkt hier. Unten sehen Sie nicht die ersten, sondern die zweiten Zeilen aus Liedern, die Sie sicher kennen. Fällt Ihnen auch die erste ein?

… die goldnen Sternlein prangen

… gib sie wieder her

… den schickt er in die weite Welt

… in dem grünen Walde

… jetzt wird der Schluss gemacht

Hat Ihre Black Box auch rückwärts funktioniert? Super! Aber was passiert bei folgendem Signal B: *Luftaufsichtsbaracke*? Sie erhalten als Signal A:

- Reinhard Mey: *Über den Wolken*
- Hannes Wader: *Heute hier, morgen dort*
- Juliane Werding: *Wenn du denkst, du denkst, dann denkst du nur, du denkst*
- Nur ein komisches Rauschen

Lösung

Der Mond ist aufgegangen,
die goldnen Sternlein prangen

Fuchs, du hast die Gans gestohlen,
gib sie wieder her

Wem Gott will rechte Gunst erweisen,
den schickt er in die weite Welt

Ade nun zur guten Nacht,
jetzt wird der Schluss gemacht

Ein Vogel wollte Hochzeit halten
in dem grünen Walde

Reinhard Mey ist wahrscheinlich der einzige Mensch auf der Welt, der jemals „Jacke" auf „Luftaufsichtsbaracke" gereimt und mit *Über den Wolken* auch noch einen Hit daraus gemacht hat.

Wortschönheiten

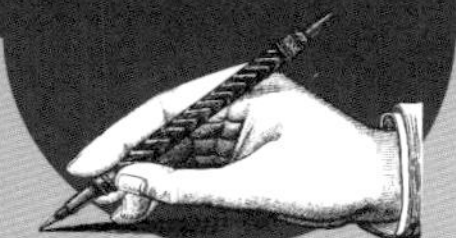

Ein gar nicht so kleiner Teil des Wortschatzes besteht aus Wörtern, die kaum jemand kennt, geschweige denn verwendet. Manche kurios, viele schön und geheimnisvoll.

Haben Sie eine Idee, was eine *Schmeckbirne* sein könnte?

- Ein anderes Wort für Quitte.
- Abrissgerät auf Baustellen.
- Geruchsstopper für Kühlschränke.

Was ist passiert, wenn Sie sich *gebumsfiedelt* fühlen?

- Jemand hat Ihnen geschmeichelt.
- Sie hatten ein erotisches Erlebnis.
- Jemand hat Ihnen einen heftigen Schlag verpasst.

Wo findet man *Läuferstein* und *Bodenstein*?

- Bei Backgammon und anderen Brettspielen.
- In Mühlen.
- In Galle und Niere.

Sie mögen ungewöhnliche Wörter? Dann werfen Sie doch mal einen Blick in Grimms Wörterbuch. Dort finden Sie zum Beispiel den *Frühstücksfehler*, die *Busensünde* und das *Regenwurmwasser*. Notieren Sie, was Sie sich spontan darunter vorstellen.

Lösung

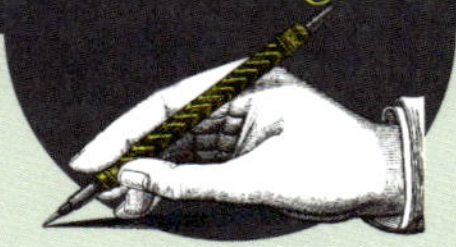

Die Quitte ist genau wie Apfel und Birne ein Rosengewächs und ähnelt ihren Verwandten auch optisch. Wer sich einmal selbst gemachte Quittenmarmelade aufs Brötchen geschmiert hat, weiß die *Schmeckbirne* zu schätzen.

Gebumsfiedelt fühlen Sie sich, wenn Ihnen jemand geschmeichelt hat.

Zwischen *Läuferstein* und *Bodenstein* wird in Mühlen das Korn gemahlen: Der Bodenstein ruht, der Läuferstein dreht sich über ihm.

Irgendwann begeht jeder einen *Frühstücksfehler*: die Eier zu hart gekocht, die Eier zu weich gekocht, gar keine Eier gekocht, mit dem Messer in die Marmelade …

So, wie der Busenfreund oder die Busenfreundin jemand ist, den man besonders gern mag, ist die *Busensünde* eine Sünde, die man gern und immer wieder begeht.

Regenwurmwasser ist ein aus Regenwürmern gebranntes Getränk, das gegen Wassereinlagerungen im Körper helfen soll.

Wilhelm Busch

Ritzeratze voller Tücke in die Brücke eine Lücke … Fast hätte es Max und Moritz, Witwe Bolte und Schneider Böck nie gegeben. Aber nach drei Jahren Maschinenbau-Studium hat Wilhelm Busch doch lieber Bildergeschichten gezeichnet.

Dass Max und Moritz ziemlich viel Unfug getrieben haben, ist klar. Aber womit ging es eigentlich los – und wie ging es weiter? Können Sie die sieben Streiche in die richtige Reihenfolge bringen?

- Bei Schneider Böck: Brücke ansägen
- Bei Lehrer Lämpel: Schießpulver in die Pfeife stopfen
- Bei Bauer Mecke: Kornsäcke anritzen
- Bei Witwe Bolte: den Hühnern aneinandergeknotete Brotstücke füttern
- Bei Meister Bäcker: in die Backstube einbrechen
- Bei Onkel Fritz: Maikäfer ins Bett setzen
- Bei Witwe Bolte: gebratene Hühner stehlen

Für Spezialist*innen: Bei Wilhelm Busch sollte man nicht mit einem Happy End rechnen. Wie viele der Figuren überleben das Ende der Geschichte?

- Max und Moritz
- Hans Huckebein
- Die fromme Helene

Lösung

1. und 2. In einem Doppelstreich wird zuerst das mit Stricken aneinandergeknotete Brot an Witwe Boltes Hühner verfüttert. Die aufgeregten Hühner erhängen sich an den Stricken selbst. Witwe Bolte brät die Hühner, die Max und Moritz durch den Kamin vom Herd angeln, während Witwe Bolte im Keller Sauerkraut holt.
3. Schneider Böck wird auf die angesägte Brücke gelockt, nimmt ein unfreiwilliges Bad und wird von seiner Frau trocken gebügelt.
4. Lehrer Lämpel sprengt sich mit der präparierten Pfeife selbst in die Luft, überlebt aber übel zugerichtet.
5. Max und Moritz kippen Onkel Fritz eine Tüte Maikäfer ins Bett, die ihn nachts piesacken.
6. Beim Brezel-Stehlen in der Backstube fallen Max und Moritz in den Teig. Sie werden zu Weckmännern gebacken, können sich aber aus ihren Hüllen knabbern.
7. Sie schlitzen Bauer Meckes Maltersäcke auf. Dumm gelaufen: Bauer Mecke kann die Spur zurückverfolgen.

Für Spezialist*innen: Keiner überlebt. Max und Moritz werden kleingemahlen und von Meister Müllers Federvieh aufgepickt, Hans Huckebein verheddert sich betrunken in Strickzeug, an dem er sich erhängt, und auch der frommen Helene wird Alkohol zum Verhängnis – in Verbindung mit einer umgestoßenen Petroleumlampe.

Plural

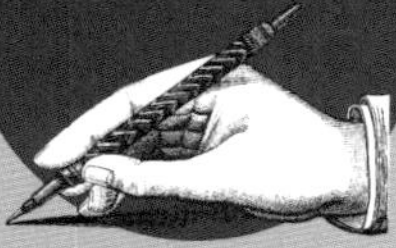

Ein Kaktus, zwei Kakteen. Und auch wenn man noch einen Kaktus danebenstellt und noch einen und noch einen – nie und nimmer werden daraus *Kaktusse*. Oder etwa doch?

Wie würden Sie entscheiden – wie lauten hier die korrekten Pluralformen?

Kaktus Bus Kran

Atlas Senf Rhythmus

Kinderwagen Globus Pasch

Für Spezialist*innen: Wenn Sie den Plural zu *Mutter* und *Bank* bilden – was fällt Ihnen auf? (Falls Sie eine Starthilfe brauchen: Wie heißt eigentlich der Plural von *Plural*?)

Lösung

der Kaktus – die Kakteen oder *die Kaktusse.* Zumindest umgangssprachlich hält der Duden *Kaktusse* für akzeptabel.

der Kran – die Kräne, fachsprachlich auch *die Krane*

der Bus – die Busse

der Atlas – die Atlanten, die Atlasse

der Senf – die Senfe

der Rhythmus – die Rhythmen

der Kinderwagen – die Kinderwagen (*die Kinderwägen* ist eine regionale Form, die vor allem in Süddeutschland und Österreich verwendet wird)

der Pasch – die Pasche, die Päsche

der Globus – die Globen, die Globusse

Für Spezialist*innen: Die Wörter *Mutter* und *Bank* haben mehrere Pluralformen – je nach Bedeutung. Zu Kindern gehören die *Mütter*, zu Schrauben die *Muttern*. Zum Ausruhen sind die *Bänke* da, zum Geldabheben die *Banken*.
Der Plural von *Plural* lautet *die Plurale.*

10 Jahrhunderte – 10 Werke

Reichen Ihnen zwei Sanduhr-Durchläufe, um zehn Jahrhunderte zu sortieren und die Werke in die richtige chronologische Reihenfolge zu bringen? Das älteste stammt aus dem Jahr 764, das jüngste von 2012.

Wolfram von Eschenbach:
Parzival

Georg Büchner:
Der Hessische Landbote

Sebastian Brant:
Das Narrenschiff

Mascha Kaléko:
Hat alles seine zwei Schattenseiten

Hartmann von Aue:
Erek

Martin Luther:
Bibelübersetzung

Vea Kaiser:
Blasmusikpop

Abrogans

Jakob Michael Reinhold Lenz:
Die Soldaten

Hans Jakob Christoffel von Grimmelshausen:
Der Abentheuerliche Simplicissimus Teutsch

Lösung

8. Jhd. – *Abrogans*. Das erste deutschsprachige Buch, das erhalten ist, ist ein deutsch-lateinisches Wörterbuch (764).

12. Jhd. – Hartmann von Aue: *Erek*. Der erste deutsche Artus-Versroman, nach französischem Vorbild (ca. 1180).

13. Jhd. – Wolfram von Eschenbach: *Parzival*. Eine Artusgeschichte in 25.000 Versen (ca. 1210).

15. Jhd. – Sebastian Brant: *Das Narrenschiff*. Missstände und Sittenverfall in Versen. Das bis zur Reformation meistgelesene deutschsprachige Buch (1494).

16. Jhd. – Martin Luther: *Bibelübersetzung* (1522).

17. Jhd. – H. J. C. von Grimmelshausen: *Der Abentheuerliche Simplicissimus Teutsch*. Derbes, Komisches und Lebenskluges und die Gräuel des Dreißigjährigen Krieges (1668).

18. Jhd. – J. M. R. Lenz: *Die Soldaten*. Gesellschaftskritisches Drama des Sturm und Drang (1776).

19. Jhd. – Georg Büchner: *Der Hessische Landbote. „Friede den Hütten, Krieg den Palästen“* – eine 8-seitige Flugschrift gegen soziale Ungerechtigkeit (1834).

20. Jhd. – Mascha Kaléko: *Hat alles seine zwei Schattenseiten*. Sinn- und Unsinnsgedichte (1973).

21. Jhd. – Vea Kaiser: *Blasmusikpop*. Überraschende Beziehungen und ein monströser Bandwurm in einem österreichischen Dorf (2012).

Das Eszett – einfach unverwüstlich

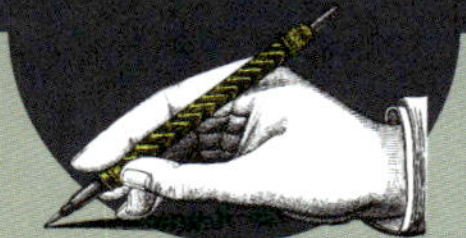

Nein, das ß – auch „scharfes s" genannt – ist nicht verschwunden, wie manche vor der Rechtschreibreform 1996 mutmaßten. Ganz im Gegenteil, es geht ihm großartig. Und das Tolle: Jetzt ist leicht zu verstehen, wann ein Wort mit ß geschrieben wird. Zwei Faustregeln:

- ß steht nach langen Vokalen oder Doppelvokalen (ei, eu), also z. B.: *das Maß, das Floß, sie fraßen, spaßig, heiß* (das war auch vor 1996 so)
- ß steht nie nach kurzen Vokalen, deshalb heißt es z. B.: *ich muss, wir mussten, das Fass, der Biss* (seit 1996)

ß oder ss? Schaffen Sie es in zwei Sanduhr-Durchläufen, den folgenden Text korrekt aufzuschreiben?

Was war das nur für ein Schei_tag!, dachte Alfons Zwergli. Ups, hatte er das wirklich gedacht? Unfa_bar! Das war gar nicht seine Art. Lag es an der Hitze? Die war wei_ Gott nicht mehr spa_ig. Sein Hirn war die reinste Klo_brühe. Klar war nur: Es gab so ma_los viel zu tun! Flu_krebse zähmen! Nu_schalen sortieren! Ru_flecken katalogisieren! Hätte ich gewu_t, was mich in diesem Büro erwartet, hätte ich die Stelle niemals angetreten, dachte Alfons Zwergli schwei_überströmt. Und da_ jetzt auch noch irgendwo ein Wecker klingelte, konnte er gar nicht gebrauchen.

Lösung

So ist es richtig:

Was war das nur für ein Scheißtag!, dachte Alfons Zwergli. Ups, hatte er das wirklich gedacht? Unfassbar! Das war gar nicht seine Art. Lag es an der Hitze? Die war weiß Gott nicht mehr spaßig. Sein Hirn war die reinste Kloßbrühe. Klar war nur: Es gab so maßlos viel zu tun! Flusskrebse zähmen! Nussschalen sortieren! Rußflecken katalogisieren! Hätte ich gewusst, was mich in diesem Büro erwartet, hätte ich die Stelle niemals angetreten, dachte Alfons Zwergli schweißüberströmt. Und dass jetzt auch noch irgendwo ein Wecker klingelte, konnte er gar nicht gebrauchen.

Auch wenn die Schweiz viel zu bieten hat, eines sicher nicht: das ß. Als Schweizer*in würden Sie an allen fraglichen Stellen oben ss schreiben.

Der Schlüssel zur Welt

Sie mögen skandinavische Krimis, spanische Romane oder amerikanische Horrorgeschichten? Oft sind es Übersetzungen, die uns die Tür in eine andere Welt öffnen.

Die Engländerin Jane Gardam wurde 2016 als „literarische Entdeckung der Saison“ bezeichnet – da war sie schon 88. Wer übersetzt ihre Werke ins Deutsche?

- Isabel Bogdan
- Angelika Kutsch
- Klaus Fritz

Die Chance, dass bei Ihnen zu Hause ein von Erika Fuchs oder Gudrun Penndorf übersetztes Buch steht, ist statistisch gesehen ziemlich groß. In welchem Genre haben die beiden Übersetzerinnen gearbeitet?

- Comics
- Fantasy
- Erotische Literatur

Ein besonderes Kunststück musste Eugen Helmlé bei der Übersetzung des Romans *La Disparation* vollbringen. Welches?

- Jeder Satz musste genau 10 Wörter lang sein.
- Er musste ohne den Buchstaben e auskommen.
- Er musste mit der Übersetzung beginnen, bevor das Original fertig war.

Lösung

Abscheu auf den ersten Blick? Freunde fürs Leben? Bei Jane Gardam schließt das eine das andere nicht aus. Übersetzt werden ihre Romane und Erzählungen von Isabel Bogdan. Angelika Kutsch übersetzt vor allem skandinavische Kinder- und Jugendliteratur; Klaus Fritz kennen Sie mit Sicherheit, wenn Sie Harry-Potter-Fan sind.

Ächz, stöhn, raschel – Erika Fuchs hat nicht nur von 1951 bis 1988 das Micky-Maus-Heft übersetzt, von ihr stammt auch die Methode, mit verkürzten Infinitiven Geräusche oder auch nicht Hörbares wie *bibber, grübel* abzubilden (Inflektiv), ihr zu Ehren auch „Erikativ“ genannt.
Die spinnen, die Römer – Gudrun Penndorf hat die ersten 29 Asterix-Bände übersetzt, außerdem zahlreiche Lucky-Luke-Hefte sowie fast 200 von Disneys Lustigen Taschenbüchern.

Wie das Original *La Disparation* von Georges Perec musste auch die Übersetzung *Anton Voyls Fortgang* ohne den Buchstaben e auskommen – und das auf knapp 500 Seiten.

Wörter & Unwörter

Wahrscheinlich fällt es Ihnen nicht schwer zu sagen, wovon das Jahr 2020 am spürbarsten geprägt war. Und so ist es auch nicht wirklich überraschend, dass *Corona-Pandemie* zum Wort des Jahres 2020 gewählt wurde.

Aber wie ist das, wenn Sie ein paar Jahre zurückgehen – können Sie jeder Jahreszahl ein Wort des Jahres zuordnen?

1971 –
1979 –
1986 –
1989 –
2001 –
2006 –
2009 –
2015 –

Abwrackprämie
Reisefreiheit
Flüchtlinge
aufmüpfig
Der 11. September
Tschernobyl
Holocaust
Fanmeile

Seit 1991 wird auch das Unwort des Jahres bestimmt. Hier geht es um diskriminierende oder absichtlich irreführende Begriffe. Manchmal ist es aber gar nicht so leicht, Wörter und Unwörter auseinanderzuhalten. Welche der folgenden sind Wörter des Jahres, welche Unwörter?

Besserwessi
Ich-AG
sozialverträgliches Frühableben

Lösung

Jahre, ihre Wörter und worauf sie zurückgehen:

1971 – *aufmüpfig*; 68er-Bewegung
1979 – *Holocaust*; die gleichnamige Fernsehserie sorgte für eine breite Diskussion über die Nazi-Zeit
1986 – *Tschernobyl*; Reaktorunglück am 26. April
1989 – *Reisefreiheit*; Versuch vieler DDR-Bürger*innen, über die Tschechoslowakei oder Ungarn auszureisen; Fall der Mauer
2001 – *Der 11. September*; Anschlag auf das World Trade Center in New York
2006 – *Fanmeile*; Fußball-WM in Deutschland
2009 – *Abwrackprämie*; Geld für das Verschrottenlassen des alten Autos beim Kauf eines neuen
2015 – *Flüchtlinge*; Schutzsuchende aus Kriegs- und Krisengebieten hoffen auf Aufnahme in Europa

Besserwessi ist das Wort des Jahres 1991. Die beiden anderen sind Unwörter des Jahres: Beim *sozialverträglichen Frühableben* (1998) ging es um die Frage, ob alte Menschen es in Kauf nehmen müssen, früher zu sterben, wenn dadurch die Krankenkassen entlastet werden. Die *Ich-AG* (2002) gilt als Musterbeispiel, wie mithilfe eines positiv besetzten Begriffs die prekäre Lage von Selbstständigen schöngeredet werden soll.

Althochdeutsch – Merseburger Zaubersprüche

Am Anfang war das Wort, genauer gesagt das Zauberwort. Die *Merseburger Zaubersprüche* gehören zu den ältesten deutschen Texten überhaupt. Aufgezeichnet wurden sie vor über 1.000 Jahren.

Worum geht es eigentlich in den beiden Zaubersprüchen? Versuchen Sie, die entscheidende Zeile im ersten Spruch zu verstehen: *Insprinc haptbandun, invar vigandun!*

- *Entspring den Fesseln, entweich den Feinden!*
- *Sprich den Hauptbann, verwandle sie in Gänse!*

Ben zi bena, bluot zi bluoda, lid zi geliden, sose gelimida sin, heißt es im zweiten Merseburger Zauberspruch. Was wird hier gezaubert?

- Aus Knochen, Blut und Körperteilen soll ein Zauberleim angerührt werden.
- Gebrochene Knochen und andere Verletzungen sollen geheilt werden.

Für Spezialist*innen: Auch wenn für uns Althochdeutsch kaum zu verstehen ist – zur gleichen Zeit hat sich im Westen Europas eine Sprache entwickelt, mit der es noch heute verblüffende Übereinstimmungen gibt. Denken Sie an „alte“ Wörter wie *Haus* oder *Milch*. Welche Sprache ist gemeint?

Lösung

Auch wenn *haptbandun* sehr nach *Hauptbann* klingt, geht es hier um Haftbänder, also um Fesseln. Der erste Merseburger Zauberspruch soll helfen, Fesseln zu lösen, um aus Gefangenschaft zu entkommen.

Bein zu Bein, Blut zu Blut, Glied zu Gliedern, wie geleimt sollen sie sein – hier sollen Knochen wieder zusammengefügt und Wunden geheilt werden.

Die Merseburger Zaubersprüche wurden im 9. oder 10. Jahrhundert in einer Kloster-Schreibstube aufgezeichnet, dürften aber auf vorchristliche Rituale zurückgehen und einige hundert Jahre älter sein.

Für Spezialist*innen: Ab dem 5. Jahrhundert besiedelten die Angeln und Sachsen das heutige England (das von den Angeln seinen Namen hat). Deren Sprache war eng verwandt mit dem Althochdeutschen, was sich auch heute noch in vielen ähnlichen Wörtern im Englischen und Deutschen zeigt.

Das haben Sie sich jetzt verdient

No. 5

Dummerweise fehlen einem gerade für die wichtigen Dinge manchmal die Worte. Vielleicht kann da dieses Gedicht weiterhelfen, das sich ein unbekannter Mensch vor etwa 900 Jahren für einen anderen Menschen ausgedacht hat:

Dû bist mîn, ich bin dîn,
des solt dû gewis sîn.
Dû bist beslozzen
in mînem herzen,
verlorn ist das sluzzelîn:
dû muost ouch immêr dar inne sîn.

Du bist mein, ich bin dein,
dessen sollst du gewiss sein.
Du bist verschlossen
in meinem Herzen,
verloren ist das Schlüsselein:
Du musst für immer darinnen sein.

Gesucht: Eine Dame mittleren Alters aus begüterten Verhältnissen.

Bevorzugter Aufenthaltsort: Herrschaftliche Landsitze in hügeliger Gegend.

Ihre Macke: Ausgeprägte Eitelkeit, wahrscheinlich pathologischer Schönheitswahn.

Ihre Masche: Lässt Personen, die sie als Konkurrenz empfindet, per Auftragsmord ausschalten, sogar Mitglieder der eigenen Familie. Sollte der Beauftragte Mitgefühl mit seinem Opfer entwickeln, legt sie auch selbst Hand an. Bietet dann ihren Opfern an der Haustür Obst und nützliche Gegenstände an, deren hoher Schadstoffgehalt fast immer zum Tod führt.

Besonders perfide: Bringt durch ihr verbrecherisches Werk seit vielen Jahren Patchworkfamilien in Verruf.

Können Sie Hinweise zur Identität der Gesuchten geben?

Lösung

Gesucht ist die Königin aus *Schneewittchen.*

Durch ihre Mordversuche an Schneewittchen (ihrer eigenen Stieftochter) hat sie gemeinerweise zu der Vorstellung beigetragen, dass die Wörter „böse“ und „Stiefmutter“ irgendwie zusammengehören.

Märchen und Zauberei – Magische Gegner

Zu den menschlichen Gegnern, die einem mit vergifteten Äpfeln und Kämmen nach dem Leben trachten, kommen im Märchen noch allerhand magische Gegner.

Die zwei Brüder im gleichnamigen grimmschen Märchen bekommen es mit einem Gegner zu tun, der in deutschen Märchen eher selten auftaucht. Welcher ist es?

- Ein Zauberer.
- Ein siebenköpfiger Drache.
- Ein Flaschengeist, den sie unvorsichtigerweise befreien.

Im *Märchen von einem, der auszog, das Fürchten zu lernen* hat es ein Junge drei Nächte lang mit immer neuen Schreckgestalten zu tun. Mit welchen?

- Mit zwei riesigen Katzen.
- Mit Männern, die mit Schädeln und Knochen kegeln.
- Mit einem Untoten, zu dem er sich in den Sarg legt, um ihn zu wärmen.
- Mit einem selbstfahrenden Bett.
- Mit einer verhexten Werkbank.

Für Spezialist*innen: Die nächtlichen Schreckgestalten können den Jungen nicht das Fürchten lehren. Das gelingt aber der Königstochter, die er nach den drei überstandenen Nächten im Spukschloss heiratet. Wie bekommt sie es hin?

Lösung

Die zwei Brüder müssen einen siebenköpfigen Drachen besiegen, um eine Königstochter aus seinen Klauen zu befreien, was ihnen auch gelingt.

Alle genannten Gegner tauchen tatsächlich nacheinander auf, nur die Werkbank ist nicht verhext, sondern ziemlich nützlich. Im Schraubstock der Werkbank klemmt der Junge den monströsen Katzen die Pfoten ein.

Für Spezialist*innen: Eigentlich könnte das Leben im nun nicht mehr verwunschenen Schloss so schön sein – wenn der junge Held sich nicht ständig beklagen würde, er hätte immer noch keine Ahnung, was Gruseln sei. Als die Königstochter ihm eines Nachts einen Eimer mit kleinen Fischen ins Bett kippt, die glitschig um ihn herumzappeln, ruft er endlich: „Jetzt weiß ich, was Gruseln ist!“

Panther, Delphin & Co.

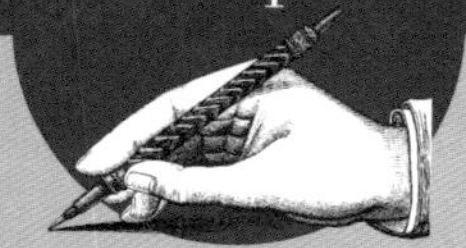

Seit 1996 machen den Regenwald nicht nur Panther, sondern auch Panter unsicher, im Meer tummeln sich Delphine neben Delfinen, und nach einer Thunfisch- oder Tunfischpizza plagen Sie nachts eventuell Alpträume, wenn nicht gar Albträume.

Bei welchen der folgenden Wörter gibt es eine zweite Schreibung?

Portemonnaie

Paragraph

Apotheke

Spaghetti

Photosynthese

Phantasie

Theater

Saxophon

Philosophie

Phantom

Joghurt

Rhythmus

Potential

Für Spezialist*innen: Seit 2017 können Sie Ihre Pommes zwar noch rot-weiß essen, aber nicht mehr mit Ketschup und Majonäse. Was ist passiert?

Lösung

Zwei Schreibungen gibt es hier:
Portemonnaie, Portmonee; Paragraph, Paragraf; Spaghetti, Spagetti; Phantasie, Fantasie; Joghurt, Jogurt; Saxophon, Saxofon; Potential, Potenzial; Photosynthese, Fotosynthese

Nur eine Schreibung gibt es hier:
Apotheke, Theater, Philosophie, Rhythmus, Phantom

Generell gilt: Alle Wörter mit dem Bestandteil *photo* können auch mit *foto* geschrieben werden; Wörter mit *graph* auch mit *graf*.

Wenn es für ein Wort zwei Schreibungen gibt, suchen Sie sich einfach die aus, die Ihnen besser gefällt. Sie können aber auch im Duden nachschauen, dort wird meist eine Schreibung empfohlen – was aber nicht heißt, dass eine besser wäre als die andere.

Für Spezialist*innen: Weil kaum jemand die Schreibungen *Ketschup* und *Majonäse* verwendet habe, hat der Rat für deutsche Rechtschreibung sie 2017 aus dem Wörterverzeichnis gestrichen. Es bleiben *Ketchup* und *Mayonnaise.*
Übrigens: *Majonäse* war keine Erfindung der Rechtschreibreform, das Wort stand auch schon vor 1996 im Duden.

Fachbegriffe

Es gibt Fachbegriffe in der Literaturwissenschaft, die höchstwahrscheinlich nur dem Zweck dienen, jedem auf der Stelle die Sinne zu verwirren. Oder arbeitet Ihr Verstand noch klar bei den folgenden Begriffen?

Worum handelt es sich bei einem *Hendiadyoin*?
- Um eine Reihung von Wörtern mit gleicher Bedeutung
- Um das Mindestmaß für ein Heldenepos (5.000 Verse)
- Um die Einforderung von Lob durch Selbstabwertung

Welche Art Lyrik mögen Sie als *Anakreontiker*in*?
- Gedichte über Friedhöfe, Grüfte und Schattenwesen
- Gedichte über Liebe, Lust und Lebensfreude
- Gedichte aus der Perspektive von Schildkröten

Was ist ein *Palimpsest*?
- Ein irisches Scherzgedicht, ähnlich dem Limerick
- Ein mehrmals überschriebenes Schriftstück
- Ein Vorleseautomat aus dem 19. Jahrhundert

Für Spezialist*innen: Das Wort *Hund* klingt nicht wirklich wie ein Hund, *Wauwau* schon eher. Wie heißt diese besondere Klasse von Wörtern (zu der auch *Kuckuck*, *muh* und *zischen* gehören), die Geräusche und Tierlaute ziemlich naturgetreu nachahmen?

Lösung

Ein *Hendiadyoin* reiht Wörter mit gleicher oder ähnlicher Bedeutung zwecks besserer Wirkung aneinander. Natürlich könnte man sagen: „Ihr habt ja von Tuten keine Ahnung." Beeindruckender klingt aber: „Ihr habt ja von Tuten und Blasen keine Ahnung."

Wer *Anakreontik* mag, hat eine Vorliebe für Lyrik, in der es um Liebe, Lebenslust, verstärkten Alkoholgenuss und die Freuden des einfachen (idealisierten) Landlebens geht. War besonders im Rokoko (18. Jhd.) beliebt.

Schreibmaterial, vor allem Pergament, war im frühen Mittelalter teuer und rar, deshalb wurde die Tinte von alten Schriftstücken wieder abgekratzt und das Pergament konnte neu beschrieben werden. Das so entstandene Schriftstück ist das *Palimpsest*.

Für Spezialist*innen: *Kuckuck, kikeriki* & Co. sind *onomatopoetische,* also lautmalerische oder klangnachahmende Wörter.

der, die, das

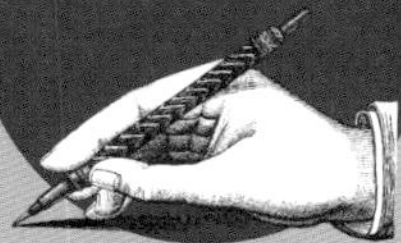

Eigentlich schön zu sehen, dass Diversität in Deutschland, Österreich und der Schweiz selbstverständlich zum Leben dazugehört. Oder stört es irgendjemanden, dass *Joghurt* mal männlich, mal weiblich und mal etwas Drittes ist?

Auch wenn die überwiegende Zahl deutscher Nomen nur ein einziges grammatisches Geschlecht hat (*der Baum*, aber nicht *die Baum, das Baum)*, gibt es einige, bei denen das anders ist. Was würden Sie bei den folgenden Wörtern sagen – *der, die* oder *das*? Oder geht mehr als ein Artikel?

Bonbon

Ketchup

Spam

Radiergummi

Virus

Laptop

Fussel

Triangel

Comic

Sieb

Wachs

Für Spezialist*innen: Vielleicht haben Sie bemerkt, dass viele der Wörter, bei denen mehrere Artikel passen, Fremdwörter sind. Haben Sie eine Erklärung dafür?

Lösung

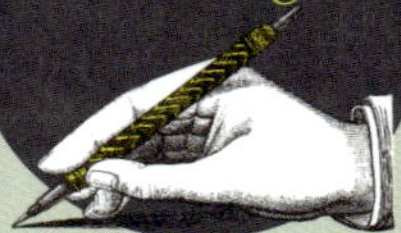

Ein Artikel: *das Wachs, das Sieb*

Zwei Artikel: *der/das Bonbon, der/das Ketchup, die/der Fussel, der/das Laptop, der/das Radiergummi* (wobei *das Radiergummi* als umgangssprachlich gilt), *das/der Virus, das/der Comic*

Drei Artikel: *das/der/die Spam, der/die/das Triangel*

Daneben gibt es regionale Varianten, die der Duden nicht verzeichnet; für manche klingt zum Beispiel auch *die Ketchup* oder *der Sieb* richtig.

Für Spezialist*innen: Viele Fremdwörter haben erst mal kein grammatisches Geschlecht, wenn sie in unseren Wortschatz übernommen werden, z. B. weil es im Englischen nur einen Artikel gibt: *the*. Das Genus ergibt sich erst durch den Sprachgebrauch. Manchmal wird einfach das natürliche Geschlecht aufs grammatische übertragen wie in *der Surfer, die Surferin*. Manchmal legt auch die deutsche Übersetzung das Genus nahe wie bei *Surfboard*, bei dem man *das Surfbrett* im Hinterkopf hat. Bei anderen Fremdwörtern gibt es diese Hilfsmittel nicht, dann stellt sich erst durch den Gebrauch im Laufe der Jahre heraus, ob sich ein Genus durchsetzt oder ob wie bei *Ketchup* auf Dauer mehrere nebeneinander verwendet werden.

Die Augsburger Puppenkiste

Wenn Sie als Kind die Augsburger Puppenkiste geschaut haben, dann können Sie sich bestimmt an den schlimmen Moment erinnern, wenn sich nach etwa einer halben Stunde die Kamera allmählich von der Szene entfernte und die Doppeltür der Puppenkiste langsam zuging. Dann hieß es: eine Woche warten bis zur nächsten Folge.

Haben Sie eine Idee, aus welchem Stück die folgenden Figuren stammen? Jenny und Max, dazu Querro und Quarro, die sich unter Tage mit Klimmzügen am Spinnennetz fit halten, und Zoppo Trump, der der Größte sein will.

- *Die Steinzeitkinder*
- *Don Blech der edle Ritter*
- *Kleiner König Kalle Wirsch*

Kennen Sie sich aus bei *Jim Knopf*? Was stimmt?

- Jim kommt per Paketzustellung auf Lummerland an.
- Das Königreich Lummerland hat zahlreiche Untertanen.
- Herr Tur Tur erscheint größer, je weiter er sich entfernt.

Viele Geschichten der Augsburger Puppenkiste stammen von bekannten Kinderbuchautor*innen. Wissen Sie, wer *Urmel aus dem Eis* geschrieben hat?

- Tilde Michels
- Max Kruse
- Michael Ende

Lösung

Es geht um den „Kleinen König Kalle Wirsch“. Obwohl Zoppo Trump ihm eine böse Falle stellt, kann Kalle Wirsch mit Hilfe von Max und Jenny verhindern, dass Zoppo Trump sich heimtückisch zum König der Erdmännchen macht.

Jim kommt per Postschiff in einem Paket auf Lummerland an. Die Insel wird von Alfons dem Viertel-vor-Zwölften regiert, der allerdings nur drei Untertanen hat (mit Jim sind es dann vier), mit denen er am liebsten den ganzen Tag telefoniert. Herr Tur Tur erscheint nur aus der Ferne groß. Je näher er kommt, desto mehr schrumpft der Scheinriese für den Betrachter auf normale Größe.

Max Kruse hat *Urmel aus dem Eis* geschrieben. Von Tilde Michels ist *Kleiner König Kalle Wirsch,* von Michael Ende *Jim Knopf.*

Trennende Wörter

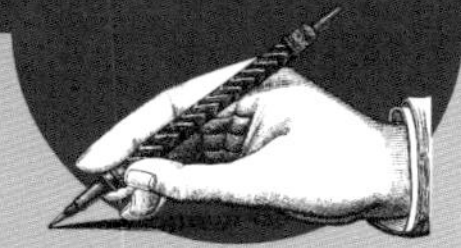

Solange die DDR bestand, waren ihre Bürger*innen für die Menschen in der BRD „unsere Brüder und Schwestern". Kaum war 1989 die Grenze offen und die Familie wiedervereinigt, waren die einen „Ossis", die anderen „Wessis". Vielleicht teilt nichts Deutschland so sehr in zwei Hälften wie diese beiden Wörter.

Auch bei den folgenden Begriffen geht es darum, wie sich „wir" und „ihr" gegenüberstehen. Wie würden Sie entscheiden – welche Wörter sorgen für Trennung, welche verbinden, welche empfinden Sie als neutral?

Flüchtlinge

Geflüchtete

Asylanten

Ausländer

hohe Zahl an Schutzsuchenden

Flüchtlingswelle

Flüchtlingsströme

Stellen Sie sich vor, Angela Merkels berühmter Satz von 2015 hätte noch einen Nebensatz gehabt, welches Wort hätte die Lücke am besten gefüllt?

„Wir schaffen das, die ________________ bei uns aufzunehmen."

Lösung

- Für Trennung sorgen die Begriffe „Flüchtlingswelle“ und „Flüchtlingsströme“. Hier entsteht das Bild von gefährlichen Wassermassen, vor denen man sich schützen muss, weil sie einen wegspülen könnten.
- Auch bei „Ausländern“ und „Asylanten“ geht es um Menschen, die nicht zur eigenen Gruppe gehören, also um potenziell trennende Wörter.
- Eher neutral und verbindend wirken „Flüchtlinge“, „Geflüchtete“ und „hohe Zahl an Schutzsuchenden“.

Aber keine vorschnellen Schlüsse: Dass jemand einen trennenden Begriff wie „Flüchtlingswelle“ verwendet, heißt noch lange nicht, dass er dafür ist, die Grenzen für Schutzsuchende dichtzumachen.

Hätte die Bundeskanzlerin noch einen Nebensatz folgen lassen, wären darin wahrscheinlich eher „Flüchtlinge“ oder „Schutzsuchende“ vorgekommen als „Asylanten“ oder „Ausländer“. Das Wort „Geflüchtete“ entstand erst später.

1 Satz – 1 Autor

Manchmal scheint die Essenz eines Buches in ein paar Zeilen zu stecken – zum Beispiel in den folgenden. Haben Sie eine Idee, wer sie geschrieben hat?

„Wissen kann man mitteilen, Weisheit aber nicht. Man kann sie finden, man kann sie leben, man kann von ihr getragen werden, man kann mit ihr Wunder tun, aber sagen und lehren kann man sie nicht."

Zu schwer? Kein Problem. Wenn Sie die Buchstaben unten neu sortieren, ergeben sich die Titel von vier Romanen, die der gesuchte Autor geschrieben hat. Auch das Buch, aus dem das Zitat stammt, ist dabei.

Median

Munter Dar

Hardidast

Der Welpenstopf

Tipp: Die gesuchte Person lebte von 1877 bis 1962, war u. a. Buchhändler, Indienreisender, langjähriger Bewohner des Tessins und nach dem Ersten Weltkrieg entschiedener Kriegsdienstgegner.

Lösung

Bei der gesuchten Person handelt es sich um Hermann Hesse.

Das Zitat stammt aus *Siddharta. Eine indische Dichtung* von 1922.

Richtig sortiert ergibt sich außerdem:

- *Demian* (1919)
- *Unterm Rad* (1906)
- *Der Steppenwolf* (1927)

Nachdem Hesse eine Zeit lang in Tübingen in einer Buchhandlung gearbeitet hatte, zog er 1899 in die Schweiz, zunächst nach Basel, ab 1919 wohnte er im Tessin. Sein Haus war Anlaufstelle für viele, die vor der Naziherrschaft aus Deutschland flohen, u. a. für Bertolt Brecht und Thomas Mann.

Ein Jahr nach dem Ende des Zweiten Weltkriegs erhielt Hermann Hesse den Nobelpreis für Literatur.

Die Tücken der Syntax

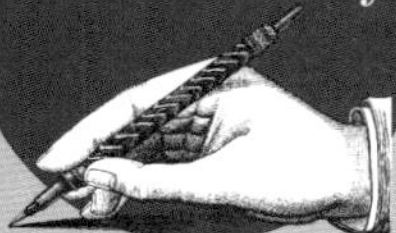

Klar kann man es mal vergessen. Aber so unscheinbar das Komma auch daherkommt, macht es doch oft den entscheidenden Unterschied. Manche behaupten sogar: Satzzeichen können Ehen retten!

Setzen Sie im folgenden Satz ein Komma, um aus einer Unbeherrschtheit eine erotische Nachfrage zu machen:
Was willst du schon wieder?

Im folgenden Satz trifft Hilda drei Leute. Mit einem einzigen Komma machen Sie aus drei Menschen zwei. Wie?
Hilda trifft Isabell, ihre Mutter und Niklas.

Auch im nächsten Satz wird erst durch ein Komma klar, was gemeint ist. Es gibt vier Möglichkeiten. Welche?
Sie versprechen uns nicht nur Käse mitzubringen.

Vor einigen Jahren warb eine Baumarktkette mit dem Slogan *Geht nicht, gibt's nicht*. Kurze Zeit später war sie – wie in dem Slogan praktisch vorweggenommen – pleite. Können Sie den Satz so aufschreiben, dass Sinn und Syntax übereinstimmen?

Lösung

Mit einem Komma an der richtigen Stelle klingt der Satz gleich ganz anders: *Was, willst du schon wieder?*

Ohne weiteres Komma sind *Isabell* und *ihre Mutter* zwei verschiedene Personen. Mit einem Komma nach *Mutter* wird *ihre Mutter* eine Erläuterung zu *Isabell,* das heißt, Hilda trifft ihre Mutter (die Isabell heißt) und Niklas:
Hilda trifft Isabell, ihre Mutter, und Niklas.

Sie versprechen, uns nicht nur Käse mitzubringen.
= das Versprechen bezieht sich auf uns
Sie versprechen uns, nicht nur Käse mitzubringen.
= den Käse bringen sie nicht unbedingt uns mit, außerdem bringen sie noch etwas anderes mit
Sie versprechen uns nicht, nur Käse mitzubringen.
= sie halten sich offen, ob sie noch mehr mitbringen
Sie versprechen uns nicht nur, Käse mitzubringen
= sie machen noch andere Versprechungen

Gemeint war bestimmt: *So etwas wie „Geht nicht" gibt's bei uns nicht, denn wir machen alles möglich.* Ohne Komma wäre alles bestens gewesen: *Geht nicht gibt's nicht.* Oder auch: *„Geht nicht" gibt's nicht.*

So, wie er deutschlandweit plakatiert war, bedeutet der Satz allerdings: *Was auch immer Sie wollen: Hier geht das nicht, hier gibt's das nicht.*

Das haben Sie sich jetzt verdient

No. 6

Das haben Sie sich jetzt verdient

Ihre Pausen-Gesellschaft: Christian Morgensterns **Werwolf**.

Ein Werwolf eines Nachts entwich
von Weib und Kind und sich begab
an eines Dorfschullehrers Grab
und bat ihn: „Bitte, beuge mich!“

Der Dorfschulmeister stieg hinauf
auf seines Blechschilds Messingknauf
und sprach zum Wolf, der seine Pfoten
geduldig kreuzte vor dem Toten:

„Der Werwolf“ – sprach der gute Mann,
„des Weswolfs, Genitiv sodann,
dem Wemwolf, Dativ, wie man's nennt,
den Wenwolf, – damit hat's ein End.“

Dem Werwolf schmeichelten die Fälle,
er rollte seine Augenbälle.
„Indessen“, bat er, „füge doch
zur Einzahl auch die Mehrzahl noch!“

Der Dorfschulmeister aber musste
gestehn, dass er von ihr nichts wusste.
Zwar Wölfe gäb's in großer Schar,
doch „Wer“ gäb's nur im Singular.

Der Wolf erhob sich tränenblind –
er hatte ja doch Weib und Kind!!
Doch da er kein Gelehrter eben,
so schied er dankend und ergeben.

Wussten Sie eigentlich, dass die meisten Krimis im Auftrag von IKEA geschrieben werden? Nein? War auch nur Spaß. Wobei – wird das neue Sofa nicht erst so richtig gemütlich mit einer Tasse Tee und einer guten Leiche?

Ziemlich weit oben auf den Bestsellerlisten stehen Regionalkrimis. Können Sie Autor*innen, Hauptfiguren und die Gegenden, in denen die Krimis spielen, einander zuordnen?

Jacques Berndorf

Klaus-Peter Wolf

Nele Neuhaus

Siggi Baumeister

Ann Kathrin Klaasen

Oliver von Bodenstein und Pia Kirchhoff

Ostfriesland

Taunus

Eifel

Für Spezialist*innen: „Jetzt ist schon wieder was passiert“ – so geht es meist los, wenn sich Privatdetektiv Brenner auf unkonventionelle Art zur Lösung eines Falls durchwurschtelt. Kennen Sie den Autor?

Lösung

Klaus-Peter Wolfs Kommissarin Ann Kathrin Klaasen ermittelt in Ostfriesland, zum Beispiel in der *Ostfriesenhölle.*

Jacques Berndorf siedelt nicht nur seine Krimis in der Eifel an, er wohnt sogar in derselben Straße wie seine Hauptfigur, der Journalist Siggi Baumeister.

Ihre beiden ersten Taunuskrimis mit Oliver von Bodenstein und Pia Kirchhoff brachte Nele Neuhaus noch im Selbstverlag heraus, inzwischen steht sie meist ganz oben in den Bestsellerlisten.

Für Spezialist*innen: Privatdetektiv Simon Brenner wird von Wolf Haas losgeschickt, um an verschiedenen Orten in Österreich das Rätsel um tiefgefrorene Sessellift-Fahrer, Menschenknochen im Hendl-Grill und andere Unappetitlichkeiten aufzuklären.

Alles in Butter?

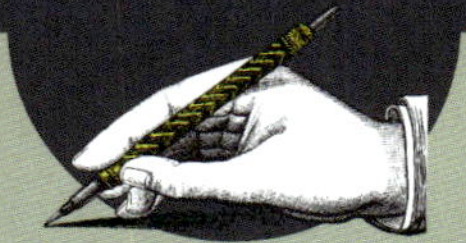

Alles im Lot aufm Boot, alles in Butter aufm Kutter … Okay, aber was ist eigentlich so toll daran, wenn *alles in Butter* ist? Klingt irgendwie nach Sauerei und Fettflecken.

Jetzt mal Butter bei die Fische: Können Sie zuordnen, welchen Ursprung die folgenden vier Redewendungen haben?

Alles in Butter

Alles im Lot

Butter bei die Fische

Jemandem aufs Dach steigen

geht auf eine alte Art der Bestrafung zurück, bei der jemand aus der Gemeinschaft ausgestoßen wurde

geht zurück auf eine mittelalterliche Transportmethode

ist ein Serviervorschlag

hat etwas mit dem Maurerhandwerk zu tun

Für Spezialist*innen: Wo kommt eigentlich der *rote Faden* her, der alles miteinander verbindet?

Lösung

Musste im Mittelalter etwas transportiert werden, das sehr wertvoll, aber auch sehr zerbrechlich war, wurde es in heiße Butter eingelegt, die sich dann schützend um den Gegenstand schloss. Wenn *alles in Butter* war, war der sichere Transport kein Problem mehr.

Mit dem Lot oder Senkblei wird schon seit der Antike dafür gesorgt, dass Hauswände senkrecht stehen. Wenn *alles im Lot ist*, haben Maurer*innen alles richtig gemacht. Und auch auf Booten erfüllt das Lot seinen Zweck: Es misst die Wassertiefe, heute meist als Echolot.

Jetzt mal ehrlich: Richtig gut wird ein Fischgericht erst, wenn *Butter bei die Fische* gegeben wird.

Wenn man sich im Mittelalter etwas richtig Übles erlaubt hat, dann konnte es passieren, dass einem die anderen *aufs Dach stiegen*. Und zwar, um es abzudecken und klarzustellen, dass man nicht länger Teil der Gemeinschaft war.

Für Spezialist*innen: Was es mit dem roten Faden auf sich hat, erklärt Goethe in den *Wahlverwandtschaften*: Durch die Taue der englischen Flotte zog sich ein roter Faden, der nicht gelöst werden konnte, ohne das ganze Geflecht zu zerstören. So war auch bei dem kleinsten Stück Tau klar, wem es gehört.

Otfried Preußler

Der kleine Wassermann, die kleine Hexe, die Fee Amaryllis – viele freundliche Gestalten bevölkern seine Bücher, aber auch einige der Erzschurken der Kinderliteratur. Kennen Sie sich aus bei Otfried Preußler?

Was stimmt bei der kleinen Hexe?

- Mit 127 Jahren gilt sie als junge Hexe.
- Ihr Rabe heißt Abrafax.
- Um zu beweisen, dass sie eine gute Hexe ist, muss sie Menschen und Tieren in Not helfen.

Der Räuber Hotzenplotz hat eine Geheimwaffe. Welche?

- Üble Körperausdünstungen.
- Eine mit Pfeffer gefüllte Pistole.
- Eine Kaffeemühle, die teuflische Lieder spielt.

Die Mühle im Koselbruch ist ein gefährlicher Ort für Krabat und die anderen Mühlknappen. Denn die „Schwarze Kunst" des Müllers ist stark, und jedes Jahr muss einer der Jungen sterben. Wie wird der Meister am Ende besiegt?

- Mit Feuer. Die Jungen brennen die Mühle nieder.
- Mit Liebe. Die Kantorka – ein Mädchen, das Krabat kennengelernt hat – kann ihn befreien.
- Mit Magie. Der Müller hat Krabat unterschätzt, der die Schwarze Kunst inzwischen besser beherrscht als er.

Lösung

Mit 127 Jahren ist man als Hexe tatsächlich noch jung, der Rabe heißt allerdings Abraxas. Die kleine Hexe vollbringt gute Taten – und handelt sich damit Ärger ein. Eine „gute Hexe" wird man in den Augen der anderen Hexen nämlich nur mit gemeinen Taten.

Eine mit Pfeffer gefüllte Pistole ist die Geheimwaffe des Räubers Hotzenplotz.

Am Ende der Lehrzeit bietet der Müllermeister Krabat an, selbst Meister der Mühle und der Schwarzen Künste zu werden. Als Krabat ablehnt, will ihn der Meister opfern. In dem Moment erscheint die Kantorka in der Mühle, die den Meister bittet, Krabat freizugeben. Der Meister willigt ein – unter der Bedingung, dass sie Krabat mit verbundenen Augen unter den Mühlknappen erkennt. Das gelingt der Kantorka (sie spürt, dass Krabat Angst um sie hat, als sie vor ihm steht). Der Meister ist besiegt, die Mühle geht in Flammen auf und die Mühlknappen sind frei.

Die armen Tiere!

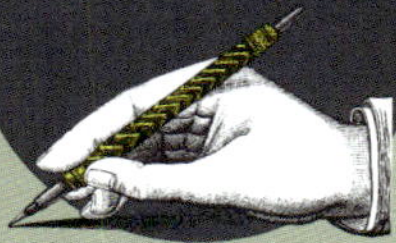

Wenn es darum geht, anschauliche Vergleiche zu finden, müssen oft süße, kleine Tiere herhalten. Na gut, so süß und klein sind sie manchmal gar nicht …

- Wie würden Sie zum Beispiel eine Melodie oder eine Liedzeile nennen, die Ihnen nicht mehr aus dem Kopf geht?
- Wenn ein Satz kein Ende nimmt, weil sich Nebensatz an Nebensatz an Nebensatz reiht, dann handelt es sich um einen …?
- Wenn jemand nicht aufgepasst hat und Ihr Lieblingsbuch mit umgeknickten Seiten zurückgibt, dann ärgern Sie sich über …?

Auch wenn es sich inzwischen herumgesprochen hat, dass Schweine zu den pfiffigen Tieren gehören, werden sie gern herangezogen, wenn Unangenehmes einen Namen braucht. Finden Sie in einem Sanduhr-Durchlauf die passenden Begriffe für einen Hundehaufen auf dem Gehweg, eine unangebrachte Bemerkung mit sexuellem Bezug und für eine unleserliche Handschrift?

Lösung

- Die Melodie, die sich durch den Gehörgang bis ins Hirn schlängelt und nicht mehr weggeht, ist der *Ohrwurm*.
- Wenn Sätze lang und länger werden und die syntaktischen Möglichkeiten, die die deutsche Sprache bietet – und sie bietet viele, erinnert sei nur an die allseits beliebte Parenthese –, in vollem Umfang ausgeschöpft werden, dann handelt es sich, Sie werden es geahnt haben (oder etwa nicht?), um einen *Bandwurmsatz*.
- Sie ärgern sich an schlechten Tagen über *Eselsohren.* An guten freuen Sie sich, dass jemand Ihr Lieblingsbuch gelesen hat.

Den Hundehaufen könnte man als *Sauerei* oder *Schweinerei* bezeichnen, die unangebrachte Bemerkung als *Ferkelei* oder als *schweinisch,* und die unleserliche Handschrift ist natürlich die *Sauklaue.* Zur Ehrenrettung der Schweine sei aber gesagt, dass wir auch an sie denken, wenn etwas besonders schön ist – eben *sauschön.*

Märchen und Zauberei – List und Tücke

Einen magischen Gegenstand in der Hinterhand zu haben, ist sicher nicht verkehrt. Manchmal hilft aber auch einfach eine gute List.

Im modernen Märchen *Das Mädchen und der Tod* von Jürg Schubiger steht der Tod vor der Tür und will das Mädchen mitnehmen. Wie gelingt es dem Mädchen, dem Tod ein Schnippchen zu schlagen?

- Es stellt ihm Matheaufgaben.
- Es zeigt dem Tod seine Spielkonsole. Der Tod zockt und zockt und vergisst das Mädchen.

Dummerweise kennen oft auch die Gegner gute Tricks. Wie überlistet der Wolf schließlich die sieben Geißlein?

- Er verstellt die Stimme.
- Er frisst die Mutter der Geißlein und zieht ihre Kleider an.
- Er reibt sich die Pfoten mit Mehl ein.

Manchmal stellen sich Märchenfiguren aber auch ausgesprochen dämlich an und überlisten sich selbst. Wie kam Rumpelstilzchens Name heraus?

- Rumpelstilzchen verliert ein Taschentuch, in das sein Name eingestickt ist.
- Rumpelstilzchen verrät ihn im Überschwang selbst.

Lösung

Das Mädchen, das gerade Mathe-Hausaufgaben macht, fragt den Tod, ob er noch kurz bei einer Aufgabe helfen könne, bevor sie mitkomme. Der Tod hält sich für einen guten Rechner, kann die Aufgabe aber nicht lösen. Er meint, bis zum nächsten Tag komme er bestimmt auf die Lösung, dann müsse das Mädchen aber mitkommen. Aber auch am nächsten Tag hat das Mädchen eine schwere Aufgabe für ihn, und auch am nächsten Tag und am nächsten …

Zuerst versucht es der Wolf damit, dass er Kreide frisst, was seine Stimme ziegenhafter klingen lässt. Den Trick durchschauen die Geißlein, mit den Mehlpfoten ist der Wolf dann aber (vorübergehend) erfolgreich.

Als Rumpelstilzchen es fast geschafft hat, wird es übermütig, tanzt um sein Feuer und singt ein kleines Loblied auf sich selbst, in dem es seinen Namen nennt. Dass es dabei belauscht wird, fällt ihm zu spät auf.

Die Kunst der Fuge

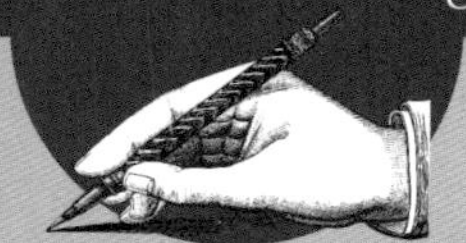

Das Schöne an der Sprache sind (unter anderem) die fast unendlichen Kombinationsmöglichkeiten. Gerade Nomen suchen gern die Gesellschaft anderer Nomen. Manchmal erblicken dabei sogar ein paar kleine Buchstaben das Licht der Welt.

Haben Sie sich schon mal gefragt, woher eigentlich das s in *Geburtstag* kommt? Ein Genitiv-s kann es nicht sein, denn es heißt ja *der Tag der Geburt,* nicht *der Tag der Geburts.*

Des Rätsels Lösung: Es handelt sich um ein sogenanntes Fugen-s. In *Geburtstag* wie in vielen anderen Komposita taucht in solches Fugenelement auf. Ein Grund dafür: So klingt das Wort einfach besser.

Kombinieren Sie doch einmal die folgenden Wörter. Wie viele verschiedene Fugenelemente entdecken Sie?

Marmelade Schwan Schmerz

Maus Brot Hals Keller

Falle Heizung Geld

Lösung

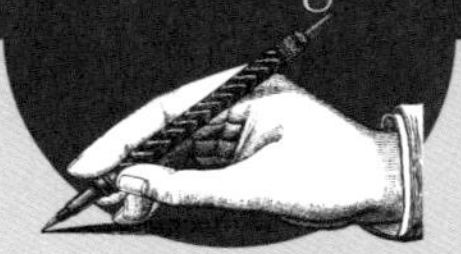

Mögliche Kombinationen sind:

Marmelade + Brot = Marmeladenbrot
Maus + Falle = Mausefalle
Schwan + Hals = Schwanenhals
Heizung + Keller = Heizungskeller
Schmerz + Geld = Schmerzensgeld

n, e, en, s sind häufige Fugenelemente, wenn zwei Nomen aufeinandertreffen, **ens** ist eher selten. In anderen Wortarten bildet auch oft **t** oder **d** die Fuge, zum Beispiel:

eigen + lich = eigentlich
Morgen + lich = morgendlich

Comics & Graphic Novels

Wer als Comic-Fan einen französischen Buchladen betritt, braucht beim ersten Mal vielleicht einen Moment, um zu fassen, wie viel Platz dort Comics und Graphic Novels haben. Aber auch bei uns gehören sie längst dazu.

Für Noel, aus dessen Perspektive *Der Umfall* erzählt wird, ändert sich durch den Schlaganfall seiner Mutter vieles. Was ist das Besondere an Mikaël Ross' Graphic Novel?

- Noel ist erst sieben.
- Noel ist schon siebenundsiebzig.
- Noel ist geistig behindert.

Begrenzter Raum, umfangreiches Personal, 102 parallele Geschichten – um welchen Comic geht es?

- *Endzeit* von Olivia Vieweg.
- *Das Hochhaus* von Katharina Greve.
- *Wie ich versuchte, ein guter Mensch zu sein* von Ulli Lust.

Anfangs zeichnete Ralf König vor allem Geschichten aus dem schwulen Alltag. Inzwischen ist das Spektrum breiter. Haben Sie eine Idee, worum es in der Trilogie *Prototyp*, *Archetyp* und *Antityp* gehen könnte?

- Um Religion.
- Um die Geschichte des Automobils.
- Um die Evolution vom Einzeller bis zum Menschen.

Lösung

Noel ist ein junger Mann mit geistiger Behinderung, der nach dem Schlaganfall seiner Mutter nicht mehr zu Hause wohnen kann. Er muss umziehen – weg aus Berlin, in eine Betreuungseinrichtung in Niedersachsen. Die Graphic Novel erzählt von Höhenflügen, Tiefschlägen und neuen Freunden. Für seine Recherche zu diesem Buch hat Mikaël Ross selbst zwei Jahre in einer solchen Einrichtung gelebt.

Links die Küche, in der Mitte der Flur, rechts das Wohnzimmer: Schauplatz für 102 Geschichten in 102 Stockwerken mit überraschenden Quer-, Drüber- und Drunterverbindungen in *Das Hochhaus* von Katharina Greve.

Adam ist der Prototyp, der Antityp ist Saulus bzw. Paulus, und der Archetyp – Sie ahnen es vielleicht – ist Noah. Diesmal geht es also eher um religiöse Themen. Die allerdings, wie immer bei Ralf König, ziemlich viel Platz für allgemein Menschliches bieten.

Tempus – Von Plusquamperfekt bis Futur II

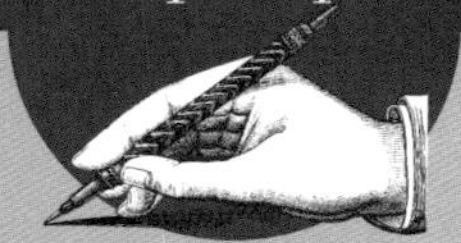

Wie praktisch, dass uns für jede Lebenslage die richtige Zeitform zur Verfügung steht. Mit **Futur I** und **II** lässt sich gut über die Zukunft spekulieren, mit **Plusquamperfekt** und **Präteritum** die Vergangenheit ordnen, und kein Plausch über den aktuellen Stand der Dinge kommt ohne **Präsens** und **Perfekt** aus. Können Sie die folgenden Verbformen den sechs Tempora zuordnen?

ich hatte besucht

ich besuchte

ich besuche

ich werde besucht haben

ich habe besucht

ich werde besuchen

Werden Sie aktiv! Wie heißt …

- die 2. Person Singular Plusquamperfekt von *kochen*?
- die 1. Person Plural Präteritum von *essen*?
- die 2. Person Plural Futur I von *spülen*?
- die 1. Person Singular Perfekt von *stehen*?

Für Spezialist*innen: Werden Sie passiv! Schaffen Sie es in zwei Sanduhr-Durchläufen, die Verbformen aus der ersten Aufgabe ins Passiv zu setzen? Also: *ich besuche – ich werde besucht, …*

Lösung

- *ich besuche:* Präsens
- *ich habe besucht:* Perfekt
- *ich besuchte:* Präteritum
- *ich hatte besucht:* Plusquamperfekt
- *ich werde besuchen:* Futur I
- *ich werde besucht haben:* Futur II

- Die 2. Person Singular Plusquamperfekt von *kochen* ist *du hattest gekocht.*
- Die 1. Person Plural Präteritum von *essen* ist *wir aßen.*
- Die 2. Person Plural Futur I von *spülen* ist *ihr werdet spülen.*
- Die 1. Person Singular Perfekt von *stehen:* Wenn Sie aus der Nordhälfte des deutschen Sprachraums kommen, heißt es für Sie wahrscheinlich *ich habe gestanden,* in der Südhälfte eher *ich bin gestanden.* Beides ist richtig.

Für Spezialist*innen: Vom Aktiv zum Passiv
Präsens: *ich besuche – ich werde besucht*
Perfekt: *ich habe besucht – ich bin besucht worden*
Präteritum: *ich besuchte – ich wurde besucht*
Plusquamperfekt: *ich hatte besucht – ich war besucht worden*
Futur I: *ich werde besuchen – ich werde besucht werden*
Futur II: *ich werde besucht haben – ich werde besucht worden sein*

Kalendergeschichten

Die Bibel und Kalender waren bis ins 19. Jahrhundert oft der einzige Lesestoff, den Menschen zu Hause hatten. Kalender enthielten Tipps für jede Lebenslage, Wetterregeln – und Geschichten. Hier die Kalendergeschichte *Der kluge Richter* von 1811 in Kurzform.

Ein reicher Mann verliert einen Beutel mit viel Geld und bietet dem Finder 100 Taler Belohnung. Der Beutel wird gefunden, doch der geizige Besitzer sagt zu dem ehrlichen Finder, dass in dem Beutel, der nun 700 Taler enthalte, ursprünglich 800 Taler gewesen seien. Der Finder habe sich also wohl seine Belohnung schon genommen.

Der ehrliche Finder ist empört, er habe den Beutel so übergeben, wie er ihn gefunden habe. Die Sache landet vor Gericht, wo jeder auf seiner Version beharrt. Der Richter betrachtet den geizigen Beutelbesitzer: „Du schwörst also, dass in dem Beutel, den du verloren hast, 800 Taler waren?“ – „Bei meiner Ehre, so war es!“, antwortet dieser. Den Finder fragt er: „Und du schwörst, dass in dem Beutel, den du gefunden hast, 700 Taler waren?“ – „Das schwöre ich“, antwortet der Mann.

Daraufhin spricht der Richter: „…“

Haben Sie eine Idee, mit welchem Richterspruch die Kalendergeschichte ausgehen könnte?

Lösung

Der kluge Richter stammt von Johann Peter Hebel (1760–1826), der diese und viele andere Kalendergeschichten für den „Badischen Landkalender" und den „Rheinländischen Hausfreund" schrieb.

Bei ihm geht die Geschichte so aus:

Der Richter – der durchschaut, dass der Reiche zu betrügen versucht – meint, dank der beiden Schwüre sei die Sache klar: Der Beutel, den der ehrliche Finder gefunden habe, könne nicht der sein, den der reiche Mann verloren habe. Der Finder solle die 700 Taler also an sich nehmen, bis sich der richtige Besitzer melde. Und der reiche Mann müsse eben warten, bis jemand seinen Beutel mit den 800 Talern finde.

Das haben Sie sich jetzt verdient

No. 7

Das haben Sie sich jetzt verdient

Lust auf eine Kaffee-Pause? Dann folgen Sie doch einfach Sebastian Lörscher auf eine Melange nach Wien. Hier fand er bei der Recherche zu seinem Buch *A bisserl weiter geht's immer – Mit dem Skizzenbuch durch das Wilde Österreich* heraus, dass Österreicher und Deutsche nicht unbedingt dasselbe meinen, wenn sie *da* sagen.

Vom Dasein und Dortsein

„*Da* ist *da* und *dort* ist *dort*. *Da* ist *hier* und *dort* ist *dort drüben*. Bei den Deutschen ist *da* oft *dort*, sprich: das *Hier* wo ganz anders. Das gibt doch keinen Sinn! Da wirst doch deppert, wennst immer *da* bist, wennst *dort* sein magst, und *dort*, wennst eigentlich *da* bist.

Weil, sag mir, wie kannst jemals wirklich da sein, wennst ständig dort bist?"

Bevor der Vorhang fällt: 26 offene Fragen von A bis Z

Bevor der Vorhang fällt: 26 offene Fragen von A bis Z

A Wenn ein Helm zu Mehl wird und aus dem Mehl Lehm, dann handelt es sich entweder um Zauberei – oder um ein _ _ _ _ _ _ _ _.

B Schauspieler*innen fallen aus ihrer Rolle, treten an den Bühnenrand, sprechen das Publikum direkt an – und Sie werden wahrscheinlich Zeuge eines Verfremdungseffekts, auch V-Effekt genannt. Als sein Erfinder gilt _ _ _ _ _ _ _ _ _ _ _ _ _.

C Sie sind einem Trugbild aufgesessen, einem Hirngespinst? Kein Problem. Hauptsache, Sie kennen den Fachbegriff: _ _ _ _ _ _ _.

D Wenn sich zwei Vokale zusammentun und daraus ei oder eu oder au wird, dann bilden sie einen Doppellaut oder auch _ _ _ _ _ _ _ _ _.

E *Mein Vater erklärt mir jeden Sonntag unseren Nachthimmel.* Ein einprägsamer Spruch, mit dem man sich leichter etwas merken kann – zum Beispiel die Reihenfolge der acht Planeten –, ist eine _ _ _ _ _ _ _ _ _ _ _.

Lösungen: Anagramm, Bertolt Brecht, Chimäre, Diphthong, Eselsbrücke

Bevor der Vorhang fällt: 26 offene Fragen von A bis Z

Bevor der Vorhang fällt: 26 offene Fragen von A bis Z

F [f], [v], [ç] und [x] gehören phonologisch betrachtet zur Klasse der Reibelaute oder

_ _ _ _ _ _ _ _.

G Wenn jemand immer noch scherzt, obwohl er eigentlich in einer verzweifelten Lage steckt, dann handelt es sich womöglich um

_ _ _ _ _ _ _ _ _ _.

H Wer sich spitzfindig in unwichtigen Details verliert, betreibt

_ _ _ _ _ _ _ _ _ _ _ _.

I Es wäre grandios, wenn Ihnen das Gegenstück zum Konjunktiv einfiele: der

_ _ _ _ _ _ _ _.

J Wenn sich in einer Gedichtzeile regelmäßig unbetonte und betonte Silben abwechseln, nennt sich das nicht Trochäus, sondern

_ _ _ _ _.

K Klarer Fall: Nominativ, Genitiv, Dativ und Akkusativ sind die vier

_ _ _ _.

Lösungen: Frikative, Galgenhumor, Haarspalterei, Indikativ, Jambus, Kasus

Bevor der Vorhang fällt: 26 offene Fragen von A bis Z

Reimtechnisch gesehen handelt es sich bei dem folgenden Gedicht von Ulla Beelte um einen

L _ _ _ _ _ _ _.

Es mahnt eine Mutter aus Menden,
die Vorräte nicht zu verschwenden.
Doch finden die Lieben
es arg übertrieben,
das Klopapier mehrmals zu wenden.

Die Schriftart, die ab dem 8. Jahrhundert in Handschriften verwendet wurde und die auch im Kerzenlicht der Kloster-Schreibstuben gut zu lesen war, ist die karolingische

M _ _ _ _ _ _ _ _.

Wer Einblick in Dinge gewährt, die normalerweise unter Verschluss gehalten werden, der plaudert aus dem

N _ _ _ _ _ _ _ _ _ _ _.

Ob man sich geschmeichelt fühlen soll, wenn man mit „Na, alter Knabe“ begrüßt wird, ist nicht ganz klar. Sicher ist jedoch, dass hier eine beliebte rhetorische Figur zum Einsatz kommt, die Gegensätze zusammenbringt, nämlich das

O _ _ _ _ _ _ _.

Lösungen: Limerick, Minuskel, Nähkästchen, Oxymoron

Bevor der Vorhang fällt: 26 offene Fragen von A bis Z

Bevor der Vorhang fällt: 26 offene Fragen von A bis Z

P *In allen – vier Ecken – soll Liebe – drinstecken.* Das einzige Buch, das man guten Gewissens mit umgeknickten Ecken zurückgeben darf, ist das

_ _ _ _ _ _ _ _ _ _.

Q Ein Kartenspiel? Ein Musikstück für vier Instrumente? Vier zusammengehörende Gedichtzeilen? Wie auch immer, es geht um ein

_ _ _ _ _ _ _.

R Wenn Sie die Antwort sowieso schon wissen – und der, den Sie fragen, weiß das auch –, dann ist Ihre Frage eine rein

_ _ _ _ _ _ _ _ _ _.

S Die einen Schriftarten haben sie, die anderen nicht: die kleinen Querstriche, mit denen die Buchstaben abschließen – nämlich die

_ _ _ _ _ _.

T *Es regnet. Du schläfst.* Manche Verben kommen sehr gut alleine klar. Andere brauchen unbedingt noch ein Akkusativobjekt, zum Beispiel *Sie sieht … Er versteht …* – ja, wen oder was denn? Solche Verben sind

_ _ _ _ _ _ _ _.

Lösungen: Poesiealbum, Quartett, rhetorische, Serifen, transitiv

Bevor der Vorhang fällt: 26 offene Fragen von A bis Z

Bevor der Vorhang fällt: 26 offene Fragen von A bis Z

U Schnelles Rezept: Nehmen Sie die Buchstaben a, o und u und garnieren Sie sie nach Belieben mit zwei Tüpfelchen, so erhalten Sie im Handumdrehen drei wohlklingende
U _ _ _ _ _ _.

V Als Kenner*in ist für Sie die Gedichtzeile keine Gedicht-zeile, sondern ein
V _ _ _.

W Für Sigmund Freud war es Lustgewinn aus einer kurzzeitigen Überwindung von Verdrängungen. Klar ist: ohne Pointe kein
W _ _ _.

X Wenn es jeder kann, dann kann es wirklich jeder
X-_ _ _ _ _ _ _ _ _.

Y Den gigantischen „Heimatbaum" der Omaticaya aus dem Film *Avatar* kennt man auch aus der nordischen Mythologie: die riesige Weltesche namens
Y _ _ _ _ _ _ _ _.

Z Jetzt ist aber endgültig Schluss. Der Vorhang fällt, das Licht geht aus und dann ist es
Z _ _ _ _ _ _ _ _ _ _ _.

Lösungen: **U**mlaute, **V**ers, **W**itz, **X**-Beliebige, **Y**ggdrasil, **z**appenduster